Narrative Theologie des Judentums

anhand der Pessach–Haggada

Jerusalemer Vorlesungen

von

SCHALOM BEN-CHORIN

1985

J. C. B. MOHR (PAUL SIEBECK) TÜBINGEN

Die Korrektur- und Registerarbeiten besorgte Hanswulf Bloedhorn

CIP-Kurztitelaufnahme der Deutschen Bibliothek

Ben-Chorin, Schalom:
Narrative Theologie des Judentums anhand der Pessach-
Haggada: Jerusalemer Vorlesungen / von Schalom
Ben-Chorin. – Tübingen: Mohr, 1985.
  ISBN 3-16-744913-6

Für

Prof. Dr. Dr. Gotthold Müller (Würzburg)

in dankbarer Freundschaft

Inhalt

Vorbemerkung

Den Versuch einer systematischen Darstellung der Theologie des Judentums, vorwiegend für christliche Leser, setze ich mit diesem Band über narrative Theologie des Judentums fort.

Wie in den vier vorausgegangenen Bänden: Jüdischer Glaube, Die Tafeln des Bundes, Betendes Judentum und Jüdische Ethik, schließt sich auch dieser fünfte Teil an ein klassisches Dokument an.

Den Jüdischen Glauben legte ich anhand des Maimonidischen Credo dar, das Gesetz auf Grund des Dekalogs, das Gebet im Judentum anhand der synagogalen Liturgie und die Jüdische Ethik anhand der Patristischen Perikopen „Sprüche der Väter".

Für narrative Theologie im Judentum bietet sich der große Komplex der Aggada und des Midrasch an. Ich habe aber bewußt die Haggada des Passah-Festes gewählt, da es sich hier um die populärste Dokumentation der Aggada, der erzählenden Theologie, handelt.

Dem Buche liegen wiederum Vorlesungen zugrunde, die ich im Wintersemester 1984/85 an der Theologischen Fakultät der Dormitio-Abtei auf dem Zion über Jerusalem, die dem Pontificium Athenaeum S. Anselmi-Rom affiliert ist, gehalten habe.

Es war mein Anliegen, den narrativen Charakter jüdischer Theologie anhand der Haggada des Passah-Festes darzulegen, aber zugleich auf den tiefen Zusammenhang von Passah-Mahl und Abendmahl (Eucharistie) hinzuweisen. Diese Doppelbemühung bringt es mit sich, daß zuweilen das narrative Element in den Hintergrund tritt und das liturgische Element die Szene beherrscht.

Der Text der Pessach-Haggada liegt in vielen Editionen vor, auch mit deutschen Übersetzungen; zur Erleichterung für den Leser habe ich im Anhang den vollständigen Text in der Übersetzung von Robert Raphael Geis hinzugefügt.

Die Haggada des Passah-Festes wurde immer und immer wieder kommentiert, aber vorwiegend nicht nur für den jüdischen Leser, sondern zugleich für den Hausgebrauch bei der Seder-Feier der Passah-Nacht.

Meine Kommentierung hingegen wendet sich vorwiegend an den christlichen Leser und will ihm in ständiger Konfrontation mit dem NT zeigen, wie tief die Denkform des Judentums mit dem Christentum, vor allem natürlich mit dem Ur-Christentum, zusammenhängt.

Auch auf Auswirkungen des Textes der Haggada (in ihrem Liederteil) auf die Weltliteratur wird hingewiesen.

Mehr und mehr erkennt heute christliche Theologie, daß die Rückbeziehung auf ihre jüdischen Wurzeln eine Notwendigkeit darstellt, um so eine Jahrhunderte alte Verfremdung aufzuarbeiten und zu einer neuen Erkenntnis der eigenen Identität zu gelangen.

Möchte mit diesem Hinweis auf den innigen Zusammenhang der Glaubensweisen des Judentums und des Christentums der christlich-jüdische Dialog eine weitere Bereicherung und Vertiefung erfahren. Gerade an der Frage der Ortung des Abendmahls teilen sich noch immer die Geister. Zahlreiche christliche Theologen vertreten die These, daß Jesu Letztes Abendmahl kein Passah-Mahl war. Ich hoffe, aufgrund meiner hier gegebenen Untersuchungen und Darlegungen einsichtig gemacht zu haben, daß das Letzte Abendmahl Jesu zweifellos eine Seder-Feier, ein Passah-Mahl, darstellte.

Dem Verlag J. C. B. Mohr (Paul Siebeck), Tübingen, danke ich für die dauernde Betreuung der Bände meines Grundrisses des Judentums.

Jerusalem, im Winter 1984   S. B. C.

1. Zwei Quellen der Offenbarung

Am 18. November 1965 verabschiedete das Zweite Vatikanum die dogmatische Konstitution über die göttliche Offenbarung „Dei Verbum". Vorausgegangen war ein Schema „Über die Quellen der Offenbarung", ausgearbeitet von der theologischen Vorbereitungskommission, das Mitte November 1962 vom Konzil kritisch diskutiert wurde.

Karl Rahner und Herbert Vorgrimler bemerken in ihren „Kleines Konzilskompendium" (Freiburg 1968) hierzu, daß eine Abstimmung zwar eine starke, aber ungenügende Mehrheit für das Schema ergab. Papst Johannes XXIII. ordnete daraufhin den Abbruch der Diskussion an und setzte eine neue gemischte Kommission mit den gleichberechtigten Präsidenten Ottaviani und Bea ein, den Vertretern der konservativen und der progressiven Richtung, und wünschte die Erstellung eines Schemas „Über die göttliche Offenbarung". Diese zweite Kommission erstellte im Frühjahr 1963 einen neuen Text, der Ende September 1964 dem Konzil vorgelegt werden konnte. Als Ergebnis der Diskussion entstand noch während der dritten Sitzungsperiode ein vierter Text, über den im September

1965 abgestimmt werden konnte. Erst im November 1965 wurde, wie bereits vermerkt, die dogmatische Konstitution angenommen und feierlich verkündigt. 2344 Konzilsväter stimmten für die Konstitution und nur sechs dagegen.

In § 24 dieser Konstitution heißt es: „Die heilige Theologie ruht auf dem geschriebenen Wort Gottes, zusammen mit der Heiligen Überlieferung, wie auf einem bleibenden Fundament. In ihm gewinnt sie sichere Kraft und verjüngt sich ständig . . .".

Mit dieser heiß umstrittenen Formulierung werden die zwei Quellen der Offenbarung, Heilige Schrift und Tradition, zum Fundament der Theologie erklärt.

Damit folgte die Kirche, nach über zweitausend Jahren, der Grunderkenntnis des normativen Judentums nach. Für das pharisäische Judentum in der Zeit des Zweiten Tempels, also in der Epoche Jesu, stand es bereits fest, daß der Glaube sich auf zwei Quellen zu berufen hat: die schriftliche und die mündliche Thora. Unter der schriftlichen Thora ist hier nicht nur der Pentateuch zu verstehen, sondern die ganze Heilige Schrift der hebräischen Bibel (AT), die nach der kanonischen Zählung der Rabbinen 24 Bücher umfaßt. Die mündliche Überlieferung aber, die sich schließlich in Mischna und Gemara niedergeschlagen hat, bildet den Talmud.

Wir kennen zwei Rezensionen des Talmud, den Jerusalemischen Talmud, der aber eigentlich in Galiläa entstand, vor allem in Tiberias und Sepphoris (Zippori), und seine Endredaktion Anfang des 5. Jahrhunderts fand, und den weit umfangreicheren Babylonischen Talmud, der vor allem in den Akademien von

Sura, Pumbedita und Nahardea entstand und seine Endredaktion Anfang des 7. Jahrhunderts fand.

Der große Komplex der mündlichen Überlieferung wird wiederum in zwei Quellen der Offenbarung aufgeteilt, in Halacha und Aggada.

Die Halacha, das Wort kommt von halach = gehen, enthält den gesetzlichen Teil, sozusagen die Geh-Vorschrift für den Menschen, für seinen „Way of Life". Es gibt kein Gebiet des menschlichen Lebens in seiner Beziehung zu Gott, Mitmensch und Gesellschaft, das nicht von der Halacha umfaßt würde. Ein Pflichten-Katalog von 613 Geboten und Verboten wurde aus der Urquelle, dem Pentateuch, von den Rabbinen abgeleitet und im Laufe der Jahrhunderte immer weiter entwickelt. Wir können hier von *legislativer Theologie* sprechen.

Die Aggada, ursprünglich Haggada genannt, enthält hingegen die *narrative Theologie* des Judentums in einer unsystematischen Sammlung von Legenden und Sagen, Fabeln und Gleichnissen, die vor allem eschatologische und ethische Erkenntnisse *erzählend* formulieren.

Heinrich Heine hat in der Ballade „Jehuda ben Halevy" im „Romanzero" (Hebräische Melodien) das Verhältnis von Halacha und Aggada dichterisch formuliert:

> Also leuchtet auch der Talmud
> Zwiefach, und man teilt ihn ein
> In Halacha und Hagada.
> Erstre nannt ich eine Fechtschul' –

> Letztre aber, die Hagada,
> Will ich einen Garten nennen,
> Einen Garten hochphantastisch . . .

Die Stilgattung der Haggada ist dem Leser des Neuen Testaments aus den Gleichnissen Jesu bekannt, die nie isoliert betrachtet werden dürfen, sondern einen integralen Bestandteil der Haggada bilden. Das stellt keine Abwertung der Gleichnisse Jesu dar, sondern ihre literargeschichtliche Ortung.

Halacha und Haggada wurden von den Rabbinen nicht als gleichwertig betrachtet. Die Halacha drängt ihrem Wesen nach zur Verwirklichung und daher zu klarer Entscheidung.

Die Haggada hingegen bleibt gewissermaßen im Raum poetischer Freiheit, wird daher nicht als richtig oder unrichtig qualifiziert. Es gehört auch zu den hermeneutischen Regeln der rabbinischen Exegese, keine Halacha aus einer Aggada abzuleiten.

Die Haggada ist wesensverwandt mit dem Midrasch, der homiletischen Auslegung der Heiligen Schrift.

Wie später die Scholastiker, so haben schon früher die Rabbinen erkannt, daß es vier Wege der Deutung des Schriftverses gibt: den einfachen Wortsinn (Peschat), den Hinweis (Remes) auf einen Hintersinn des Wortes, die homiletische Deutung (Drasch), um die es sich bei der Haggada handelt, und endlich den mystischen Sinn des Bibelwortes (Sod), der in der Kabbala zum Tragen kommt.

Eine wesentliche Regel ist nun, daß man auf den Drasch, die homiletische Deutung, nicht diskutierend eingeht, man nimmt sie unreflektiert hin. Dies geschieht nicht, weil es sich um unwidersprechbare Autorität handelt, sondern ganz im Gegenteil, weil es hier um subjektive Deutungen geht, die keinen Anspruch auf allgemeine Verbindlichkeit erheben.

Wir fassen also zusammen: Die legislative Theologie trägt autoritativen Charakter, die narrative Theologie aber meditativen.

Unter allen Haggadoth ragt die Haggada schel Pessach, die Erzählung vom Passah-Fest und seinem Grundmotiv, dem Exodus Israels aus Ägypten, hervor.

Diese Tatsache hat sich terminologisch niedergeschlagen, sodaß man im hebräischen Sprachgebrauch die narrative Theologie nicht mehr als „Haggada", sondern in der aramäischen Form als „Aggada" oder „Aggadata" bezeichnet, während christliche Theologen und Judaisten die ursprüngliche Bezeichnung Haggada beibehielten.

Für den jüdischen Sprachgebrauch aber ist Haggada nur noch jenes Volksbüchlein, das in der Vigilie der sogenannten Seder-Nachtfeier das Textbuch der Hausliturgie bildet. Die Haggada in diesem Sinne ist das vornehmste Dokument narrativer Theologie im Judentum, ausgehend von dem Befehl der Thora: „Du sollst es deinem Sohn erzählen an jenem Tage" (Ex 13,8).

Das Erzählen von den Wundertaten Gottes bei der Rettung seines Volkes Israel bildet ein Grundgebot des Judentums, ist sozusagen die Keimzelle aller Tradition. Der Vater muß seinem Sohn erzählen, welche Heilstaten in der Nacht des Auszugs aus Ägypten Got-

tes starke Hand und ausgestreckter Arm bewirkt
haben, wie sich solcher Beistand beim Durchzug
durch das Schilfmeer abermals erwies und schließlich während der vierzig Jahre der Wüstenwanderung immer wieder neu konkretisierte.

Durch das immer wiederkehrende Erzählen, das
sich nicht auf das Ablesen von Texten beschränken
soll, entsteht lebendige Heilsgeschichte. Sie bildet
das Lebenselixier, den Elan vitale, der Gemeinde Israels, macht sie immer wieder gleichzeitig mit der
Generation des Exodus, worauf wir noch anhand
des Textes der Haggada zu sprechen kommen
werden.

Dieses Erzählen ist mehr als ein Erinnern an einen Vorgang, der historisch nur schwach bezeugt,
sich vor etwa 3500 Jahren abgespielt haben soll.

Der Vorgang wird immer wieder aktualisiert im
Sinne des Modellfalles. So wie Gott sein Bundes-
oder Eigentumsvolk aus der Knechtschaft Ägyptens
erlöst hat, hat er es auch immer wieder, trotz aller
Verluste, aus der Hand seiner Bedrücker befreit,
von Ägypten bis Auschwitz.

Der Modellfall erfüllt das Volk immer wieder
neu mit Hoffnung. So wird „Das Prinzip Hoffnung" (Ernst Bloch) zur Dominante des Judentums.
Die Rückschau auf die Befreiung aus dem Sklavenhause Ägypten eröffnet die Vorschau auf das Reich
Gottes als das Ziel (telos) der Geschichte.

Wir werden im Laufe unserer Darstellung immer
wieder die Tatsache beleuchten, daß das letzte
Abendmahl Jesu ein Passah-Mahl war, dem bereits
die uns bekannte Haggada offenbar zugrunde lag,

wenn sie wohl auch noch nicht in der heutigen Form schriftlich fixiert vorlag.

Unsere Haggada geht tatsächlich auf die Zeit des Zweiten Tempels, zumindest in seiner herodianischen Epoche, zurück.

Ihr Text setzt sich zusammen aus Bibelstellen, von welchen zunächst die Erzählung vom Auszug aus Ägypten den Mittelpunkt bildet. Dabei ist es bemerkenswert, daß der Kult der Persönlichkeit streng vermieden wird, sodaß der Name des Mose nur in einer Randbemerkung vorkommt: „Sie glaubten an den Herrn und seinen Knecht Mose" (Ex 14,31).

In Rückblicken, die in ihrer stilistischen Struktur an die Abschiedspredigt des Stephanus (Apg 7) erinnern, wird die Volksgeschichte aber bis zu Abraham und seinem Vater Therach zurückgeführt, unter Betonung der Leiden Jakobs im Hause Labans, in welchen sich, im Sinne der Präfiguration, bereits die Leiden Israels in Ägypten ankündigen.

Ergänzt werden diese narrativen Partien durch Zitate aus den Propheten und Hagiographen.

Der Struktur der Haggada liegt aber primär der Traktat Pessachim aus der Mischna zugrunde. Auch dessen Regie-Anweisungen für die Durchführung des häuslichen Rituals sind obligatorisch geblieben, mit Ausnahme aller Vorschriften für das Opfer des Passah-Lammes.

Obwohl es sich hier um ein Familienopfer handelte, das in der häuslichen Gemeinschaft im heiligen Mahl verzehrt wurde, fiel es nach Zerstörung des Tempels in Jerusalem, im Jahre 70 nach der Zeitwende, weg.

Durch die Josianische Kultreform wurde auch das

Passah-Opfer in Verbindung mit dem Tempel in Jerusalem gebracht. Die Priester schlachteten die Passah-Lämmer im Vorhof des Tempels in der Stunde der Sonnen- und Mondgleiche, „zwischen den Abenden" (bejn ha-arbajim), und die Laien trugen dann auf Holzstäben die Opfertiere in ihre Wohnungen, um sie dort für das Kultmahl am offenen Feuer zu rösten.

Die übrigen Vorschriften aber blieben und zeigen den Wandel des Festes.

Während nach der biblischen Quelle (Ex 12,11) das Lamm in Eile verzehrt werden sollte, wobei die Kultgemeinde in Reisekleidung zu erscheinen hatte, den Wanderstab in der Hand, die Lenden gegürtet, Sandalen an den Füßen, wird nun unter dem Einfluß des griechischen Symposions, daraus ein festliches Gelage. Zu den drei Elementen des biblischen Festes, dem Opferlamm, den ungesäuerten Broten (Mazzoth) und den bitteren Kräutern, kommt nun als viertes Element der Wein hinzu, der in der Bibel in diesem Zusammenhang nicht erwähnt wird.

Wie wesentlich dieses Element wurde, zeigt uns die Beschreibung von Jesu Letztem Abendmahl mit den Kelchworten, die hier anzusiedeln sind.

Ein so relativ kompliziertes Ritual kann ohne Textbuch nicht durchgeführt werden; dieses haben wir in der Haggada für die Passah-Nacht vor uns. Es geht also ungefähr bis auf die Zeit Jesu zurück, enthält biblische und mischnische Texte und schließlich in einem Anhang heitere Volkslieder, die bis in das Mittelalter hineinreichen und den fröhlichen Charakter der Feier unterstreichen.

Die Haggada ist das meist gedruckte hebräische

Buch und liegt uns auch in zahlreichen, zum Teil illuminierten Handschriften vor, die noch aus der Zeit vor
dem Buchdruck stammen.

Im Gegensatz zu anderen heiligen Büchern des Judentums wurde die Haggada schon frühzeitig illustriert, zum Teil wohl auch von christlichen Künstlern, wie etwa die sogenannte Darmstädter Haggada,
die unverkennbar Typen der Ikonographie, wie Maria
in blauem Gewande oder Johannes in rotem, aufweist.
Ein besonderes Unikum stellt die frühmittelalterliche
Haggada mit den Vogelköpfen dar. Da man aus religionsgesetzlichen Gründen menschliche Darstellungen vermied, wurden die biblischen Personen mit Vogelköpfen und Judenhut abgebildet.

Im Jahr 1960 erstellte Abraham Yaari eine Bibliographie der Pessach-Haggada, die 2717 Titel aufweist,
von der ersten gedruckten Haggada 1482 bis zu Ausgaben von 1958, aufgrund der Bestände der Jüdischen
National- und Universitäts-Bibliothek in Jerusalem
(Bibliography of the Passover Haggada. Jerusalem
1960).

Im letzten Vierteljahrhundert sind wiederum viele
neue Ausgaben hinzugekommen, wobei auch revidierte Textausgaben der Reformbewegung und der
amerikanischen Reconstructionists besonderer Erwähnung bedürfen, ebenso Haggada-Drucke für Kinder mit zum Teil beweglichen Illustrationen, und endlich zwei Haggadoth der judenchristlichen Gruppen in
Israel, die Pessach und Abendmahl miteinander zu
verbinden trachten.

Eine eigene Literaturgattung stellen die Haggadoth
der Kibbuzim (Gemeinschaftssiedlungen) in Israel dar,

die mehr den nationalen und naturhaften Charakter des Festes, nicht seine religiöse Note betonen.

Die Illustrationen zur Pessach-Haggada, die von einfachen Zeichnungen und Holzschnitten bis zu Kunstwerken namhafter jüdischer Maler und Graphiker reichen, in neuester Zeit auch durch Lichtbilder aus Ägypten und Israel und archäologische Abbildungen ergänzt werden, erklären sich daraus, daß die Haggada nicht für den synagogalen Gottesdienst bestimmt ist, sondern an den Familientisch gehört.

Allerdings gibt es ganz vereinzelt auch illustrierte Handschriften oder Drucke der Megillath Esther, des Esther-Buches, das am fröhlichen Purimfest die zweimalige synagogale Lesung bildet. Da an diesem jüdischen Fastnachtsfest aber eine Art Narrenfreiheit gewährleistet ist, wurde für den Text des Esther-Buches das Bildverbot gelockert, sodaß wir neben den zahlreichen Illustrationen der Haggada auch vereinzelte der Esther-Rolle kennen.

Die Haggada wurde immer und immer wieder kommentiert. Eine Wilnaer Ausgabe aus neuerer Zeit umfaßt nicht weniger als 100 Kommentare zum Text.

Viele dieser Kommentare beziehen sich nicht nur auf die Erzählung der Haggada, sondern enthalten auch gewissermaßen Regie-Anweisungen für die Zelebration des Rituals der Seder-Nacht. Weiterhin sind manche der Haggada-Kommentare als Anregung für den Liturgen gedacht, meist den Hausvater, der so die Erzählung mit Erklärungen aller Art zu würzen vermag.

Die Betrachtungsweise des vorliegenden Versuches unterscheidet sich prinzipiell von diesen Kommenta-

ren, die ausschließlich für den innerjüdischen Gebrauch gedacht sind. Hier soll eine Analyse des Textes
gegeben werden, in ständiger Bezugnahme auf das
Neue Testament, so zweierlei erweisend: den unlösba-
ren Zusammenhang zwischen dem Letzten Abendmahl Jesu und der Seder-Feier, wie sie sich in der
Haggada darstellt, und den geistigen Zusammenhang
zwischen Haggada und Evangelium, die literarge-
schichtlich in weiten Teilen zeitgenössisch korrespon-
dierend verstanden werden müssen.

Den mittleren und Haupt-Teil der Haggada bildet
der sogenannte Maggid, was wörtlich übersetzt „Erzähler" meint. Die Erzählung wird so gleichsam per-
sonifiziert, der Erzähler wird mit der Erzählung identisch. Es ist dies ein Gedanke, der sich auch in der
Angelologie der Rabbinen findet, in welcher der Engel
„Angelos" (oder hebr. Malach), wörtlich der ‚Bote',
mit der Botschaft identifiziert wird. Aus diesem
Grunde kann immer nur ein Engel *eine* Botschaft aus-
richten oder *eine* Aktion verrichten.

Die Bezeichnung „Maggid" für den Erzähler findet
sich auch außerhalb unserer Haggada. So hat der Chassidismus im 18. Jahrhundert den Typus des volkstümlichen Predigers als Maggid bezeichnet, im Gegensatz
zum gelehrten „Darschan", dem Prediger, der seine
Darlegungen auf der talmudischen Exegese aufbaut.

Im 16. Jahrhundert kennt der Kreis der Mystiker in
Safed den Begriff des inneren Maggid, eines spiritus
familiaris, der z. B. Rabbi Joseph Caro die Geheimnisse der Mischna offenbarte.

Der bekannteste unter den volkstümlichen Predi-
gern, die den Titel Maggid tragen, ist der Maggid von

Meseritsch, ein unmittelbarer Schüler des Rabbi Israel
Baal Schem Tov, des Begründers des Chassidismus.

Auch Jesus von Nazareth gehört, seinem Wesen
nach, zum Typus des Maggid, der durch seine Gleichnisse narrative Theologie unter das Volk brachte und
auf diese Weise die Botschaft vom nahen Reiche Gottes verkündigte, in Gegensatz oder in Ergänzung der
Predigt Johannes des Täufers, die den Charakter der
Bußpredigt trägt.

Maggid als Hauptteil der Haggada reicht von den
Präliminarien des Segens über den Kelch, die Handwaschung des Liturgen, den Genuß der Vorspeise und
dem Teilen des ungesäuerten Brotes bis zum Absingen
der Hallel-Psalmen (Ps 113–118 u. 136), bildet also
nicht nur das Mittelstück, sondern den unbestrittenen
Hauptteil der Haggada. Eingeleitet wird Maggid
durch die vier Fragen des Jüngsten der Tafelrunde, die
an sich logischerweise erst am Ende des Rituals gestellt
werden müßten.

Die landläufige Erklärung für diese logisch nicht
haltbare Plazierung von Fragen, die sich auf rituelle
Vorgänge beziehen, welche das Kind zu Beginn der
Feier noch nicht beobachtet haben kann, geht dahin,
daß kleine Kinder am Ende der Feier bereits eingeschlafen sind und man deshalb die vier Fragen vor
Maggid stellte.

Diese Erklärung ist sicher einleuchtend und rüh-
rend, zeigt das liebevolle Verständnis der Weisen Israels für das kleine Kind, auf dessen Atem die Welt steht,
„denn Gott hat aus dem Munde der Kleinkinder seine
Macht gegründet" (Ps 8,3).

Ich neige aber dazu, noch eine tiefere psychologische Begründung zu geben. Narrative Theologie, erzählende Verkündigung, trägt ihrem Wesen nach nicht monologischen Charakter, sondern ist dialogisch strukturiert, erwächst also aus Begegnung.

Diese Sicht, die der Dialogik Martin Bubers entspricht, scheint mir zum tiefsten Wesen des Judentums, von seinen biblischen Anfängen bis in unsere Zeit, zu gehören. Nicht der Prediger, der in der „unwidersprochenen Sphäre der Kanzel" (Franz Rosenzweig) die Gemeinde belehrt, stellt den Archetypus jüdischer Weisheit dar, sondern der Erzähler, der auf Fragen mit einer Geschichte antwortet oder eine Ausgangssituation durch sie illustriert.

Dieser Typus des Maggid, des Trägers und Täters der Haggada, ist im Laufe einer intellektualistischen Entwicklung im Spätjudentum verkümmert. Den Vorzug genoß und genießt weithin der scharfsinnige Meister des Pilpul, des Streitgespräches, der Meinungen gegen Meinungen stellt, um aus den Quellen eine bestimmte Entscheidung zu destillieren. Man kann sagen, daß die eristische Theologie die narrative Theologie verdrängte.

Erst im Chassidismus des 18. Jahrhunderts kommt die Haggada, hier nun als Gesamtgattung gedacht, wieder zu voller Geltung. Als ihr größter Meister ist Rabbi Nachman von Braslaw zu nennen, dessen Geschichten fast den Charakter von heiligen Schriften angenommen haben, vor allem die Geschichte von den sieben Bettlern.

Martin Buber hat diese Erzählungen der westlichen Welt schon zu Beginn unseres Jahrhunderts (1906) erschlossen, wobei allerdings seine eigene narrative

Theologie zum Tragen kommt. Er schreibt in der Vorbemerkung: „Die Geschichten sind uns in einer Schülerniederschrift erhalten, die die ursprüngliche Erzählung offenbar maßlos entstellt und verzerrt hat. Wie sie uns vorliegen, sind sie verworren, weitschweifig und von unedler Form. Ich war bemüht, alle Elemente der originalen Fabel, die durch ihre Kraft und Farbigkeit als solche sich mir erwiesen, unberührt zu erhalten."

In dieser Vorbemerkung zeigt sich ein Grundproblem narrativer Theologie. Sie ist ihrem Wesen nach mündliche Überlieferung. Die großen Erzähler dieser Literaturgattung haben nichts geschrieben. Das gilt auch für Jesus von Nazareth, nicht anders als für den Meister der praktischen (magischen) Kabbala, Rabbi Isaac Luria aus dem 16. Jahrhundert in Safed, dessen Erzählungen und Gleichnisse von seinem Schüler Chaim Vital aufgezeichnet wurden.

In jüngster Vergangenheit hat Eli Wiesel versucht, die Geschichten der chassidischen Meister in mehreren Sammlungen neu darzustellen. Er bemüht sich zwar stärker als Buber, dem Original treu zu bleiben, aber auch bei ihm ist das Element der Verfremdung nicht auszuschalten, das jeder schriftlichen Fixierung solcher Erzählungen anhaftet, die aus der Begegnung der Stunde, im Kreise von Meister und Schülern, entstanden.

Dieses Element der Verfremdung ist auch dem Maggid der Haggada aus der Immanenz mitgegeben. Die Depravation des Maggid zeigt sich in der bei Juden aller Landsmannschaften üblichen Sitte oder Unsitte, den Maggid-Teil der Haggada gemeinsam als eine Art

Sprechchor aufzusagen, wobei die Ur-Intention der freien, weit ausholenden Erzählung völlig zunichte gemacht wird.

An diesem Beispiel zeigt sich die Gefahr jeder Ritualisierung. Was ursprünglich als Akt freier erzählender Belehrung gedacht ist, erstarrt zur Formel und verliert dadurch seine Form.

Die Haggada selbst rühmt jeden, der viel erzählt, der also die Grundmotive individuell abwandelt, durch das eigene Erlebnis aktualisiert und im Gleichnis auch dem Kinde verständlich macht.

Übrig geblieben ist nur die Rezitation des verfaßten Textes.

★   ★
★

Wir gingen aus von den zwei Quellen der Offenbarung – im Judentum und in der Kirche. In beiden Fällen haben wir Heilige Schrift und Tradition als die beiden Quellen der Offenbarung erkannt. Innerhalb der Tradition des Judentums haben wir legislative und narrative Theologie unterschieden, müssen jetzt aber uns noch einmal der Beziehung von schriftlicher und mündlicher Thora, von Heiliger Schrift und Tradition zuwenden.

Eine kritische Betrachtung, im historischen Sinne, macht es klar, daß die schriftliche Überlieferung ursprünglich auch eine mündliche war und daß die mündliche Überlieferung längst schriftlich fixiert ist. Der Zusammenhang von Schrift und Tradition ist in Wirklichkeit noch viel tiefer, als er auf den ersten Blick erscheint.

Hier liegt ein kurzschlüssiger Irrtum des Protestantismus, der aus der ahistorischen Sicht der Reformatoren resultiert. Sie wollten allein die Heilige Schrift gelten lassen, erkannten im Prinzip keine andere Autorität an als die der Bibel. Dabei blieb unbeachtet, daß die Heilige Schrift selbst eine Frucht der Tradition ist. Aus einer uns nicht mehr voll bekannten Anzahl von heilsgeschichtlichen, prophetischen, liturgischen und apokalyptischen Schriften wurden diejenigen ausgewählt, die heute in der Biblia Hebraica, dem sogenannten Alten Testament, zusammengefaßt sind. Es waren die Sophrim, die Zähler (pharisäische Schriftgelehrte) der Generation der Tannaiten, die diese Auswahl trafen, die dann von der Kirche übernommen wurde. Gerade die Reformatoren hielten sich streng an den Kanon, der auf die pharisäische Tradition zurückgeht, während die katholische Kirche noch einige jener Apokryphen übernahm, welche die Sophrim als „Sepharim chizoniim" (ausgeschlossene Bücher) streng verbannten. Rabbi Akiba ging so weit, den Lesern dieser Bücher den Anteil am Reiche Gottes oder der kommenden Welt abzusprechen.

Luther ging nicht so weit, betonte aber, daß die Apokryphen „nicht der Heiligen Schrift gleichgestellt, aber dennoch gut und nützlich zu lesen seien".

Christliche Fundamentalisten in unserer Zeit gehen zuweilen so weit, daß sie die Apokryphen vernichten. So erzählte mir eine Buchhändlerin, daß ein evangelikaler Fundamentalist eine Lutherbibel der Ausgabe von 1912, die in diesen Kreisen allein als legitim gilt, erstand und vor ihren entsetzten Augen die Apokryphen aus dem Bande herausriß, um nicht in Versuchung zu kommen, sie zu lesen. Dabei enthalten die Apokryphen so wichtige Schriften wie die beiden Bücher der Makkabäer, das besonders schöne Buch Tobias, die Sprüche des Jesus Sirach und die Weisheit Salomos, die den Proverbia der Bibel nicht nachstehen. Auch die Gestalt der Judith, der mutigen Frau, die verwandte Züge zur Jael des Richterbuches zeigt, ist uns nur aus den Apokryphen bekannt. Manche biblischen Bücher wie das Esther-Buch und Daniel, also späte Schriften des AT, erfahren durch die Apokryphen eine nicht unwichtige Ergänzung.

Es ist also strenger Traditionalismus, wenn man nur den Kanon gelten läßt, der auf die Synode von Javne (Jamnia) nach 70 nach der Zeitwende zurückgchen soll.

Derselbe Traditionalismus gilt für das Neue Testament. Es waren die Kirchenväter, die den Kanon des NT zusammenstellten, die sogenannten apokryphen Evangelien ausschlossen, ebenso gewisse Briefe und Akten, die dem Paulus und anderen Aposteln zugeschrieben wurden.

Es zeigt sich also, daß die zwei Quellen der Offenbarung in *eine* Quelle zusammengefaßt werden müssen: die Tradition, deren Frucht auch die Heilige Schrift ist. Das gilt sowohl für das Judentum wie für das Christentum. Der protestantische Irrtum liegt auch im Judentum vor, in der Sekte der Karäer, die auf Anan Ben-David (um 760) zurückgehen und ausschließlich die Heilige Schrift, hier natürlich nur den Thenach (AT), anerkennen, ohne dessen Entstehung zu berücksichtigen.

Ich gebe zu, daß man oft versucht ist, dem karäisch-protestantischen Prinzip zuzustimmen, wenn man beobachten muß, wie weit sich spätere Traditionen in Judentum und Christentum von der biblischen Quelle entfernt haben. Auch der Protest Jesu gegen die pharisäischen Schriftgelehrten zielt oft in diese Richtung.

Wir haben die ursprüngliche Mündlichkeit auch der schriftlichen Offenbarung in Bezug auf das AT betont, müssen nun hinzufügen, daß dies für das Neue Testament in erhöhtem Maße gilt. Hier bildet die Q-Quelle, der auch die echten Logien Jesu zuzuzählen sind, das Herzstück. Die Worte Jesu wurden aber erst eine bis drei Generationen nach ihm, noch dazu in griechischer Version des aramäischen Urlautes, aufgezeichnet. Das Element der Verfremdung ist daher im NT noch weit stärker gegeben als im AT.

Angesichts dieser Sachlage, in der hebräischen Bibel und in den Evangelien, wird es uns klar, daß die Urquelle der Offenbarung in der narrativen Theologie zu finden ist.

Nicht in der legislativen Theologie, im Gesetz, nicht in Hymnus und Weisheitsspruch und bestimmt nicht in spekulativer Theologie rauscht der Urquell.

Es ist die narrative Theologie, die Erzählung von Gottes Heilstaten, von seinem Umgang mit den Menschen und insbesondere mit seinem Eigentums- oder Bundesvolk der Erwählung, die wir als Quelle der Offenbarung erkennen und daher anerkennen sollen. Diese Erzählung konkretisiert sich im *gesprochenen Wort*, von welchem Goethe im „West-östlichen Diwan", im Buch des Sängers betont:

Wie das Wort so wichtig dort war
Weil es ein gesprochen Wort war.

Auch Martin Buber wurde nicht müde, die Gesprochenheit des Wortes der Bibel seinen Schülern immer
wieder einzuschärfen. Er verlangte, daß das Original
und seine Übersetzung laut gelesen und nach Atem-
Einheiten (Kolen) vorgetragen werde.

Auch das Gebet gehört mit in die Gesprochenheit
narrativer Theologie. In der Urform des Gebetes *erzählt* der Mensch Gott sein Leben, seine Sorgen, seine
Wünsche und seinen Dank. Ich würde daher das Gebet
in seiner vorliturgischen Form mit in den Bereich der
narrativen Theologie einbeziehen.

In der Aggada, und hier wiederum insbesondere in
der Haggada, für die heilige Nacht des Seder, das
meint die Ordnung des Passah-Festes, hat sich die
narrative Theologie, freilich in ihrem schriftlichen
Niederschlag, am klarsten erhalten, und daher wollen
wir anhand der Haggada die narrativen Elemente der
Tradition und damit der Quelle des Glaubens erläu-
tern.

2. Symbol und Erzählung

Der antike Erzähler bedient sich gleichsam zur Illustration seiner Geschichte auch der Symbole.

Angesichts des Bildverbotes, das sich in erhöhtem Maße auf Plastiken erstreckt (das im Dekalog verbotene Bildnis wird Pessel genannt, was einem gegossenen oder gehauenen Bild entspricht; ein Ausdruck der dann nur noch mit der Ergänzung Themuna komplettiert wird, der jegliche Art von figürlicher Darstellung meint), wurden die Symbole nicht wie in den heidnischen Kulten figürlich konkretisiert. An die Stelle des Bildes tritt die Symbol-Speise. Dieser für Judentum und (später) Christentum so wesentliche Symbolismus hängt mit dem Opferkult aufs engste zusammen.

Das hebräische Opfer „Korban" kommt von dem Worte „karov" = nahe. Das Opfer ist also, wie Buber-Rosenzweig übersetzen, eine „Darnahung". Gemeint ist, daß der Mensch sich durch sein Opfer Gott nähert, um so zu einer Kommunion mit ihm zu gelangen. Solche Kommunion geschieht durch Essen des Opfers. Im heiligen Mahl wird so die Vereinigung mit dem Gott vollzogen.

Um dies richtig zu sehen, muß der Begriff des Opfers einer zweifachen Revision unterzogen werden. Durch den vom lateinischen Denken bedingten Opferbegriff verbinden wir Opfer mit Weggeben, Hingeben, während der hebräische Opferbegriff die Annäherung intendiert.

Im Neuen Testament wird der Begriff Korban (griechisch Korbanas) in eingeschränkter Weise als Weihe-Formel gebraucht, durch die das, was man auf diese Weise gelobt hatte, dem Profangebrauch entzogen wurde (Mt 15,5). So gesehen, wird Korban zum korrespondierenden Begriff für die ursprüngliche Bedeutung von Anathema, die dem Profangebrauch entzogene Weihegabe, die auf den Altar gelegt wurde. Damit tritt abermals eine Verfremdung des Begriffes ein, denn in der Septuaginta, der hellenistisch-jüdischen Bibel-Übersetzung, wird Anathema nicht für Korban, sondern für Cherem = Banngut gebraucht.

Wir müssen uns also von all diesen Verfremdungen des ursprünglichen Begriffes freimachen, um der Urbedeutung des Kultmahls als Akt der Vereinigung mit Gott durch Symbol-Speisen nahe zu kommen.

Im nächtlichen Mahl der Seder-Feier, die den Rahmen für die Erzählung der Heilsgeschichte bildet, haben sich die antiken Kultspeisen am deutlichsten erhalten. Oft ist allerdings ihre Symbolbedeutung vergessen worden. Nicht zutreffende Interpretationen zeigen sich vor allem bei zwei dieser Symbolgerichte: Karpass (Sellerie?) und Beza (Ei).

An dieser Stelle müssen wir noch kurz auf den Unterschied von Symbol und Allegorie eingehen, der im heutigen Sprachverständnis weitgehend verwischt ist.

Das Symbol hat seine sinnbildliche Kraft in sich

selbst. Es stellt eigentlich nicht einen Sachverhalt dar, sondern es ist selbst (im Bewußtsein des Gläubigen) dieser Sachverhalt, in der Form einer Heilsrune.

Die Allegorie hingegen ist ein ausgedachtes Zeichen: der Anker bedeutet die Treue, die Waage die Gerechtigkeit, das Rad die Industrie, der Blitz die Elektrizität . . .

Diese Allegorien stammen vor allem aus dem 18. und 19. Jahrhundert, haben gewöhnlich handwerkliche Produkte (Anker, Waage und Rad) zum Gegenstand, während die Symbole der Natur entnommen sind (Sonnenrad) oder eben als Speise dargeboten werden, vom antiken Opferkult über die Symbolgerichte der Seder-Feier bis zur Eucharistie.

Vor dem Liturgen, dem die narrative Partie der Kultfeier obliegt, sind die Kultgerichte aufgebaut oder angeordnet.

Die Tafel selbst soll festliches Gepränge tragen. Vor jedem Teilnehmer der Feier steht ein Becher. Vor dem Liturgen, „Omer Haggada" genannt, dem Sprecher der Haggada, steht die Seder-Platte, Ke'ara, in sephardischen Quellen auch Korb (Sal) bezeichnet, welche die Utensilien der Feier enthält.

An erster Stelle sind hier drei Mazzoth, ungesäuerte Brote zu nennen, die mit besonderer Sorgfalt als Mazza Schemura, gehütete Fladen, gebacken wurden.

Die traditionelle Erklärung für diese drei ungesäuerten Brote ist die Realpräsenz Israels. Sie stellen die ständische Gliederung des Volkes in Priester, Leviten und Israeliten dar.

Diese Gliederung finden wir auch in der Einleitung zum Gleichnis vom barmherzigen Samariter (Lk

10,31–33), wo allerdings nach dem Priester und dem Leviten, sozusagen als überraschende Pointe, nicht der Israelit, sondern der Samariter genannt wird.

Die ständischen Rangstufen: Priester, Leviten und Israeliten werden auch bei dem Aufruf zur Lesung der Thora im öffentlichen Gottesdienst der Synagoge berücksichtigt. Als erster wird der Priester (Cohen) aufgerufen, als zweiter ein Levit und dann erst folgen die Israeliten.

Die Vorstellung der Realpräsenz Israels bei der Gedächtnisfeier für den Auszug aus Ägypten findet ihre individuelle Parallele in den Einsetzungsworten beim Letzten Abendmahl Jesu. Er vergleicht das Brot der Mazza nun mit seinem Leib, der gebrochen wird (Mt 26,26; 1Kor 11,24), was wiederum an den Brauch des Aphikoman anschließt, dem Brechen der zweiten Mazza, der mittleren, deren eine Hälfte für den Abschluß des Kultmahles zurückgelegt wird.

Das Wort Aphikoman ist ein griechisches Lehnwort, kommt von Epikomion, was eine mehrfache Bedeutung hat. Heute wird es gewöhnlich als Nachtisch interpretiert, meint wohl aber zunächst das Flötenspiel am Ende eines Gastmahles, eines Symposions.

Für unsere Betrachtung ist es wesentlich, daß diese Mazza, von der jeder essen muß, gebrochen wird. Hier liegt wohl die Affinität zu dem erwähnten Teil der Deuteworte.

Die drei Mazzoth werden im allgemeinen unter der Sederplatte angebracht und bleiben bei großen Teilen der Feier verhüllt, was dem Velum im kirchlichen Kult entspricht, der Verhüllung heiliger Gegenstände, insbesondere auch der Hostie im Ciborium.

Auf der Seder-Schüssel ist zunächst der Maror zu
nennen, das Bitterkraut, das ebenso wie die Mazza auf
die biblische Vorschrift der Passah-Feier (Ex 12,8) zurückgeht. Im allgemeinen wird dafür roher Meerrettich benutzt, der die Wirkung hat, dem Esser die Trä-
nen in die Augen zu treiben. Man muß mindestens so
viel wie eine Olive von dem bitteren Kraut genießen,
das an die Bitternisse der Knechtschaft in Ägypten
erinnert.

Sodann finden wir Charosseth, einen Fruchtbrei aus
Äpfeln, Nüssen und Mandeln, unter Zusatz von Ing-
wer oder Zimt und Wein. Die Bezeichnung kommt
wahrscheinlich von Cheress = Ton oder Lehm, denn
dieser Fruchtbrei soll an den Lehm erinnern, der zur
Herstellung der Ziegel bei den Bauten in Ägypten, den
Vorratsstädten Pithom und Ramses und dem Bau der
Pyramiden verwendet wurde. Man gibt vielerorts das
Charosseth als mildernde Beigabe zum Maror. E. D.
Goldschmidt meint, daß diese Art Fruchtbrei bei dem
antiken Mahl als Tunke für rohes Gemüse bekannt
war.

Ich möchte nicht unterlassen zu betonen, daß ich
Charosseth nicht für ein echtes Symbolgericht halte.
Es ist dies eine spätere Zutat zu der biblischen und
sogar nachbiblischen Symbolik, hat wohl primär kuli-
narische Bedeutung. Die Reminiszenz an das Material
der Ziegelbauten ist künstlich und trägt den Charakter
von Allegorie, trotz der Eßbarkeit dieses Merkzei-
chens.

Eindeutig ist der Knochen mit etwas angebratenem
Fleisch, der an das nicht mehr praktizierte Opfer des
Passah-Lammes erinnert. Man bevorzugt den Schul-

terknochen, um damit an den ausgestreckten Arm
(Ex 6,6) zu erinnern.

Nun wenden wir unser Augenmerk dem hartge-
kochten Ei, Beza, zu, meist in etwas angebratener
bräunlicher Schale. Hier versagt die offizielle Interpretation. R. Gradwohl bemerkt hierzu (I. W.[1] Nr. 15.
13. 4. 1984): „Die ursprüngliche Antwort auf die Bedeutung des Eies bringt es mit dem Festopfer Chagiga
zusammen. Ehe das Passah-Lamm zur Zeit des Tempels gegessen wurde, sättigte sich die hungrige Familie
durch eine ausgiebige Mahlzeit, in deren Mittelpunkt
das Fleischgericht der Chagiga stand. Das Pessach-
Lamm wurde gleichsam als Nachspeise konsumiert.
Das Ei – wegen seines geringen Preises von Jedermann
erschwinglich – erinnert an das Prozedere in der Antike und deshalb wird es angebraten.

Weitere Deutungen (ausführlich bei R. Menachem
M. Kascher, Haggada schlema. 1955. 65–67; Elijahu
Ki-Tov, Sefer Hatodaa. 1962 (Nissan) p. 111), sprechen vom Lebensrad, das sich unablässig dreht und das
gepeinigte Israel wieder bessere Zeiten erleben läßt.
Oder vom Ei als Symbol der „Trauer über die Zerstörung des Tempels" und zum anderen des Trostes . . .
das Ei ist auch ein Hinweis auf die Erlösung in Vergangenheit und Zukunft." (Diese Deutung wird mit der
aramäischen Bezeichnung „be'a" für das hebräische
Wort Beza (Ei) begründet, abgeleitet von dem Verb
b'a = wollen: Der Herr wolle Israel befreien.)

Ich habe diese gezwungenen und wenig einleuch-
tenden Erklärungen, für die Gradwohl nicht verant-

---

[1] Israelitisches Wochenblatt f. d. Schweiz, Zürich.

wortlich zu machen ist, so ausführlich zitiert, da sie das kommune Mißverständnis zusammenfassen. Das Ei hat mit Chagiga, dem Festopfer, nichts zu tun. Wie sollte denn ein Hühner-Ei an das Opfer von Stieren erinnern? Es stimmt auch nicht, daß das Passah-Lamm nicht als Hauptmahlzeit intendiert war. Das geht klar aus der biblischen Vorschrift hervor, daß das Lamm völlig verzehrt werden muß und nicht bis zum Morgen aufbewahrt werden darf. Was nicht von einer oder zwei Familien bewältigt werden kann, verfällt der Vernichtung (Ex 12,4 u. 10).

Auch mit dem Rad des Schicksals und der Trauer hat das Ei auf der Seder-Schüssel nichts zu tun.

Hier handelt es sich um unser wohlbekanntes Oster-ei, denn das Ei ist zunächst ein Zeichen des Frühlings, und unser Passah-Fest trägt ja auch den Charakter des Frühlingsfestes (Deut 16,1). Ferner ist das Ei das Symbol der Auferstehung. Das Kücken im Ei durchpickt die harte Schale und tritt so ans Licht. Ebenso durchbricht der Auferstehende die Grabkammer zu neuem Leben.

Wir sehen also, wie der heidnische Brauch des Ostereies der germanischen Göttin Ostara und ihres Frühlingskultes, das christliche Osterfest der Auferstehung Jesu und das Symbol auf unserer Seder-Schüssel zusammenhängen.

Es ist die Entdeckung des Schweizer Kulturhistorikers Johann Jakob Bachofen (1815–1887), in seinem Werk über die Gräbersymbolik der Alten und das Mutterrecht, auf Sarkophage in Pompeji hingewiesen zu haben, die das Ei als Symbol der Auferstehung zeigen.

Zusammenfassend läßt sich also entgegen den traditionellen Deutungen sagen, daß unser Ei Symbol des Frühlings und der Auferstehung ist. (Die angebratene Form ist eine Folge der *Mißdeutung* und will das Ei mit dem Brandopfer in Verbindung bringen.)

Auch der Karpass, die Erdfrucht, die wir schon erwähnten, wurde mißdeutet. Im allgemeinen schweigen sich hier die Kommentatoren aus, betonen nur, daß jede Art von Erdfrucht wie Eppich (Sellerie), aber auch Petersilie, Rettich, sogar Kartoffeln zulässig sind.

Es ist das Verdienst von Hans Cosmala, weiland Direktor des Schwedisch-Theologischen Institutes in Jerusalem, eine einfache und einleuchtende Begründung gegeben zu haben. Der seßhaft gewordene Nomade, wie er im Aramäerspruch zum Ausdruck kommt (Deut 26,5–10), dankt Gott für die Frucht des Erdbodens. Aus dem Kleinviehzüchter, der das Passah-Lamm darbrachte, wurde der siedelnde Bauer, der die Frucht des Ackers genießt. Der uralte Gegensatz von Kain und Abel, Ackerbauer und Viehzüchter, ist nun friedlich in Koexistenz überwunden.

Endlich findet sich auf der Seder-Platte ein Gefäß mit Salzwasser zum Eintauchen des Karpass. Dieses Salzwasser wird als der Tränenkrug Israels gedeutet, mag aber auch mit dem Salzbund (Lev 2,13) des Opferkultes zusammenhängen, da kein Opfer ohne Salzbeigabe dargebracht wurde.

Das (zweimalige) Eintauchen – des Bitterkrautes im Charosseth und des Karpass im Salzwasser – wird ausdrücklich in den vier Fragen des Jüngsten erwähnt und klingt in dem Worte Jesu an: „Der die Hand mit

mir in die Schüssel getaucht hat, der wird mich verra-
ten" (Mt 26,23).

Zu den biblischen Symbolen des Passah-Lammes
(nur noch durch den Knochen vertreten), der Mazzoth, des Brotes des Elends und des eiligen Exodus,
und dem Bitterkraut der bitteren Jahre der Sklaverei
kamen die weiteren Symbole hinzu, die wir bespro-
chen haben.

Nun aber tritt ein neues Element, der Wein, auf,
übernommen aus dem griechischen Symposion und
zum Symbol der vier Rettertaten Gottes in vier Kelchen stilisiert.

Die vier Kelche werden exegetisch mit Ex 6,6–7
bzw. 8 begründet: „Darum sprich zu den Kindern
Israel: Ich bin der Herr, und ich habe euch *herausgeführt*
unter der Last Ägyptens, und habe euch *errettet* von
ihrer Fronarbeit, und habe euch *erlöst* mit ausgestrecktem Arm und großen Strafgerichten. Und habe euch
angenommen mir zum Volke und bin euch zum Gotte
geworden . . .".

Hier haben wir die erwähnten vier Rettertaten und
auf jede derselben wird ein Kelch geleert.

Dies war die Lehrmeinung der Schule Hillels. Die
Schule Schammais hat aber einen fünften Kelch ver-
ordnet, unter Hinzufügung des nächsten Verses: „Und
ich habe euch in das Land gebracht . . .".

Die Frage blieb „tejku", unentschieden. Das aramäische Wort tejku wurde aggadisch als Akrostichon gedeutet: „bis der Thisbite (Elia) kommt und strittige
Fragen entscheidet".

Daraus entwickelte sich ein Kompromiß. Man ließ
und läßt bis heute einen fünften Kelch auf dem Tische

stehen. Es ist dies jener fünfte Becher, über dessen Zulässigkeit Elia zu entscheiden hat.

Für die Volksphantasie war das aber nicht ausreichend, und es wurde daraus der Kelch des Elia. Da dieser nach der Prophezeiung des Maleachi (Mal 3,23) als Herold des Messias erwartet wird, vor dem großen und schrecklichen Tag des Gerichtes, erhielt der Kelch des Elia messianische Bedeutung. Von hier aus ist auch Jesu Gebet in Gethsemane zu verstehen: „Lasse diesen Kelch an mir vorübergehen" (Mt 26,39 u. par).

In meinem Buch „Bruder Jesus" (München 1967) habe ich diesem Zusammenhang ein eigenes Kapitel „Der Fünfte Becher" gewidmet, wobei mir allerdings zugleich klar ist, daß der Kelch der Leiden, der messianische, auch wiederum mit dem Taumelbecher, der Israel und den Völkern gereicht wird (Jes 51,17 u. 22), in motivischem Zusammenhang steht.

Im Jerusalemischen Talmud (Traktat Pessachim) spricht auch Rabbi Huna von einem fünften Becher nach Abschluß der Rezitation der Hallel-Psalmen.

Wie dem auch sei, der Wein ist zu einem integralen Bestandteil der Sederfeier geworden. Es besteht die Vorschrift, daß jedesmal der größte Teil des Kelches geleert werden muß, wobei die Feiernden, auf die linke Seite gelehnt, den Becher mit der Rechten zum Munde führen. Diese Vorschrift zeigt ganz deutlich den Zusammenhang mit dem griechischen Symposion. Hingelagert auf Polster, wird das Mahl von den freien Männern eingenommen, während die Sklaven stehen mußten.

Die für das Gelage nötigen Polster werden ausdrücklich im NT bei der Vorbereitung zum letzten Abendmahl erwähnt (Mk 14,15; Lk 22,12).

Das halachisch verfestigte Detail des Anlehnens auf die linke Seite beim Trunk findet sich am Ende des „Gastmahls" von Plato angedeutet: „Gegen Morgen aber sei er (Sokrates) aufgewacht, als die Hähne schon krähten, und habe gesehen, daß die anderen teils schliefen, teils fortgegangen wären, nur Agathon, Aristophanes und Sokrates hätten allein noch gewacht und aus einem großen Becher *rechtsherum* getrunken, und Sokrates habe mit ihnen Gespräche geführt." (nach der Übersetzung von Friedrich Schleiermacher).

Hier haben wir die beiden Elemente des Symposions und des von ihm inspirierten Seder: der Wein mit der Rechten zum Munde geführt und die Gespräche, die beim Seder den Charakter narrativer Theologie angenommen haben.

Das Trinken aus *einem* Becher findet sich dann wörtlich beim Letzten Abendmahl Jesu: „Trinket alle daraus" (Mt 26,27; Mk 14,23). Dieser Brauch wird heute nicht mehr eingehalten. Jeder Teilnehmer hat seinen eigenen Becher. Das mag damit zusammenhängen, daß an der Seder-Feier, im Gegensatz zum Symposion, auch Frauen teilnehmen. Würden diese aus dem gemeinsamen Becher trinken, so bestünde, halachisch gesehen, die Gefahr einer Verunreinigung, falls sich eine Teilnehmerin in der „Nidda" bezeichneten Periode der Menstruation befindet.

Da aber das letzte Abendmahl Jesu, offenbar nach dem Vorbild von Qumran, nur in einer Männergesellschaft begangen wurde, konnte, wie beim Symposion, der gemeinsame Becher gereicht werden.

Die vier Kelche zeigen bereits die Bedeutung der Vierzahl für Fest und Feier an.

Unser Fest hat *vier* Namen, drei davon biblisch: Passah, Mazzenfest und Frühlingsfest. In Mischna und Liturgie kommt der vierte Name hinzu: „Zeit unserer Befreiung".

Während des Mahles werden, wie wir aufgeführt haben, vier Kelche geleert (während der eigentlichen Mahlzeit kann noch nach Belieben getrunken werden, aber die vier Kelche sind obligatorisch).

Der Jüngste stellt *vier* Fragen, und die Erzählung spricht von *vier* Söhnen (Typen), denen in verschiedener Weise die Heilstaten Gottes erzählt werden sollen.

Wir werden an der entsprechenden Stelle auch auf die neutestamentlichen Zusammenhänge hinweisen.

Die Betonung der Zahl VIER, die sonst als heilige Zahl weniger bekannt ist (die Zahlen 3 und 7 werden hier vorrangig genannt), hängt vermutlich mit dem Tetragramm, dem vierbuchstabigen Gottesnamen JHWH zusammen. Die Bezeichnung Tetragrammaton stammt von Philo von Alexandrien. Die Passah-Feier wird durch diese Zahlenmystik als Entfaltung des Gottesnamens proklamiert. Im Passah-Geschehen offenbart sich das Wesen Gottes als JHWH, des Führergottes (nicht des Schöpfers), der sein Volk befreit und mit ihm durch die Wüste zieht, als der Führergott, der sich im ersten Wort des Dekalogs offenbart und der beim ältesten der Schriftpropheten, Amos, auch als der Führergott der anderen Völker, hier der Philister und Aramäer, also der Erzfeinde Israels, deklariert wird (Am 9,7).

Der nächtlichen Feier des Passah, unserem Seder-

Abend, geht die Durchsuchung des Hauses voraus, wobei alles Gesäuerte, Chamez, gefunden und später verbrannt werden muß, entsprechend der biblischen Vorschrift (Ex 13,7).

Dieser Gedanke des Wegräumens des Gesäuerten wird bei Paulus spiritualisiert (1Kor 5,6–8). Auch die Aggada neigt zur Transzendierung dieser Vorschrift, im Sinne eines Ausräumens seelischer Bitterkeit. Im deutschen Sprachgebrauch wird das besonders sinnfällig, wenn davon die Rede ist, daß ein Mensch in Bezug auf einen anderen oder eine Sache „sauer" ist.

Praktisch werden größere Bestände von Nahrungs- und Genußmitteln, die für die sieben Tage des Passah-Festes (in der Diaspora acht Tage) verboten sind, weggeräumt und verschlossen. Sehr fraglich ist der Brauch eines Scheinverkaufes an einen Nichtjuden. Dieser mißliche Brauch wird im Staat Israel sogar kollektiv durchgeführt, wobei der Oberrabbiner als Verkäufer der Chamez-Bestände fungiert, getrennt davon der Militär-Oberrabbiner für die Bestände der Armee. So abgeschmackt dieser Brauch ist, so hat er doch auch seine rührende Seite. Man will den Buchstaben des Gesetzes erfüllen, auch wo die totale praktische Durchführung sich als unmöglich erweist.

Die Reformgemeinden verzichten auf solchen leeren Formalismus.

Religionsgeschichtlich hängt der Brauch des Wegräumens und Vernichtens des Gesäuerten mit der Tabuisierung des Hauses zusammen, die bei Frühlingsriten, z. B. in der Südsee, bezeugt sind.

Die eigentliche Seder-Feier beginnt mit dem Kiddusch, der Heiligung (Kiddusch kommt von der Wurzel kadosch = heilig). Diese wird über den ersten Kelch gesprochen oder gesungen, womit sofort der Wein in das Ritual einbezogen und der Kelchspruch zum Präludium der Erzählung gemacht wird.

Wir finden die erste Erwähnung des Weins als integralen Bestandteil des Passah-Rituals im Buch der Jubiläen 49,6:

„Ganz Israel aber aß das Fleisch des Passah-Lammes *und trank Wein* und lobte und pries den Herrn, den Gott seiner Väter, und dankte ihm; dann machte es sich bereit, aus dem Joch der Ägypter und der schlimmen Knechtschaft fortzuziehen."

Nach dieser Stelle in den „Jubiläen" wird der Wein bereits in die Nacht des Exodus verlegt, was mit dem Bericht in Ex 12 nicht übereinstimmt und wohl auch, geschichtlich gesehen, nicht haltbar ist.

Das Buch der Jubiläen stammt vermutlich aus dem 2. Jahrhundert vor der Zeitwende und ist vielleicht unter der Regentschaft des Hasmonäerkönigs Johannes Hyrkanos entstanden. Angesichts der hellenistischen Tendenzen dieser Zeit ist die Einbeziehung des Weins in das Passah-Ritual verständlich.

Die ursprünglichen Elemente des Festes, an erster Stelle das Passah-Lamm, blieben auch nicht unwidersprochen. So finden wir bei Jeremia 7,22: „Und nicht habe ich zu euren Vätern gesprochen und ihnen geboten, am Tage, da ich sie aus Ägyptenland führte, irgend etwas über Ganzopfer und Schlachtopfer" (Ola wa-sevach). Gerade das Passah-Opfer wird aber „Sevach Pessach" genannt. Seine Legitimität wird durch

diesen Spruch des Jeremias in Frage gestellt. Überle-
gungen dieser Art haben Julius Wellhausen dazu geführt, die Schriftpropheten als ältere Quelle anzunehmen und die Thora, den Pentateuch, später zu datie-
ren, wobei vor allem die Priesterschrift, als exilische
Retrospektive, vorrangig datiert. Natürlich wurde
diese These von Vertretern der jüdischen Tradition
radikal verworfen.

Der erste Kelch, der Kelch des Kiddusch, wird nur
im Lukasevangelium erwähnt, da in den Paralleltexten
der Kelch des Abendmahls offenbar der letzte, der
vierte Kelch ist. Bei Lukas aber (Lk 22,14–20) werden
die beiden Kelche unterschieden und auch die Reihen-
folge von Wein und Brot eingehalten, nicht wie im
kirchlichen Gebrauch üblich, erst das Brot und dann
der Wein:

„Und da die Stunde kam, setzte er sich nieder und
die Apostel mit ihm. Und er sprach zu ihnen: Mich hat
herzlich verlangt, dies Passah-Lamm mit euch zu essen. Denn ich sage euch, daß ich es hinfort nicht mehr
essen werde, bis daß es seine Erfüllung findet im Reich
Gottes. Und er nahm den Kelch, dankte und sprach:
Nehmet ihn und teilet ihn unter euch; denn ich sage
euch: Von nun an werde ich nicht trinken von dem
Gewächs des Weinstocks, bis das Reich Gottes
kommt. Und er nahm das Brot, dankte und brach's
und gab's ihnen und sprach: Das ist mein Leib, der für
euch gegeben wird: das tut zu meinem Gedächtnis.
Ebenso nahm er nach dem Mahl den Kelch und sagte:
dieser Kelch ist der neue Bund in meinem Blut, das für
euch vergossen wird. "

Bei diesen Worten, die gewöhnlich als Einsetzung

des Abendmahls bezeichnet werden, ist aber der Ton auf „Dies tuet zu *meinem* Gedächtnis" zu legen, denn wir haben eine traditionelle Gedächtnisfeier vor uns, die Erinnerung an den Auszug aus Ägypten, und nun soll in diese vorgegebene Erinnerungsfeier das individuelle Gedächtnis integriert werden.

Aus den Worten Jesu geht das volle Bewußtsein des „Pessach heatid", des Passah der Zukunft, hervor, auf das wir bereits hingewiesen haben. Es ist dies die dritte Phase des Festes. Nach dem Ur-Passah Ägyptens, das Passah der Generationen, das nicht abreißende Gedächtnis von Geschlecht zu Geschlecht, und schließlich das Passah der Vollendung im Reiche Gottes, in der messianischen Zeit.

Diese Dreiteilung ist nicht jesuanisch, sondern entspricht der traditionellen Vorstellung des normativen Judentums. Jesus sieht sich gerade in diesen Einsetzungsworten nicht als messianischer Vollender, sondern läßt die Erfüllung noch offen, wobei der Anbruch des Reiches Gottes nicht fixiert wird.

Aus dem herangezogenen Lukastext geht mit letzter Deutlichkeit hervor, daß das Letzte Abendmahl Jesu ein Passah-Mahl ist. Es bleibt mir fast unverständlich, wieso Forscher wie Günther Bornkamm diese einfache Tatsache in Frage stellen können.

Es besteht allerdings die schwierige Datumsfrage. Sicher ist es unglaubwürdig, daß Jesus vom Hohen Rat in der Seder-Nacht verhaftet worden wäre und die Kreuzigung also am ersten Tage des Passah-Festes, einem vollen Feiertag, sich ereignet hätte. Die Lösung liegt nur darin, daß wir annehmen können, daß Jesus nach dem Sonnenkalender von Qumran mit den Seinen die Seder-Nacht begangen hat. Dieses Datum stimmt dann nicht mit dem des Synhedrion überein.

Der Kiddusch beginnt, wie üblich, mit dem Segen über die Frucht des Weinstockes und stellt eine sogenannte Katagogie dar, eine Darstellung der Herausführung aus kreatürlicher Gebundenheit, exemplifiziert am Auszug aus der ägyptischen Knechtschaft.

Fällt der Beginn des Festes auf den Freitagabend, also den Beginn des Sabbath, so wird die für den Freitagabend übliche Einleitungsformel (Gen 2,1–3) dem Weinsegen vorangestellt. Der eigentliche Kiddusch hat denselben Rahmen-Wortlaut für die biblischen Feiertage (im Gegensatz zum Sabbath, der eine eigene Kategorie darstellt).

Der erste Lobpreis gilt der Erwählung Israels und der Erhöhung über alle Sprachen und der Heiligung durch die Gebote Gottes. (Diese stellen das Kriterium von Erwählung, Erhöhung und Heiligung dar.)

Der Weihespruch dankt Gott dafür, daß er in Liebe seinem Volke Zeiten der Freude, Feste der Wonne geschenkt hat, so den Tag des Mazzenfestes, „Zeit unserer Befreiung".

Hier wird ausdrücklich nur das Mazzenfest erwähnt, offenbar in Hinsicht auf die suspendierte Opferfeier.

Das Fest wird als Tag heiliger Berufung zum Andenken an den Auszug aus Ägypten spezifiziert.

Der Schlußteil erwähnt abermals die Erwählung und Heiligung Israels vor allen Völkern und die Einsetzung der heiligen Zeiten zu Freude und Wonne. Die Schlußbenediktion dankt Gott für die Heiligung Israels und der (Fest-)Zeiten.

Die überhöht wirkende Betonung der Erwählung Israels hat dazu geführt, daß in „The New Haggadah" der Jewish Reconstructionist Foundation (New York 1941) der Text revidiert wurde. Die Erwählung Israels wird hier umstilisiert in: „denn uns hast du deinem Dienste nahe gebracht...". So weit ich sehe, sind die Reconstructionists die einzige Denomination im modernen Judentum, die auf die Erwählung Israels ausdrücklich verzichten. Sicher hängt dies nicht zuletzt mit dem amerikanischen Pluralismus zusammen, in welchem sich der Gedanke der Erwählung *eines* Volkes nicht nahtlos einfügen läßt.

Sinnvoller scheint es mir, den Begriff der Erwählung Israels auf seine biblischen Wurzeln zurückzuführen: „Nicht hat euch der Herr angenommen und euch erwählt, darum daß euer mehr waren als alle Völker, denn ihr seid das geringste unter allen Völkern; sondern darum, daß ER euch geliebt hat, und daß ER seinen Eid hielte, den ER euren Vätern geschworen hat" (Deut 7,7–8).

Beim Propheten Amos wird der Begriff der Erwählung Israels im Sinne der sittlichen Mündigkeit interpretiert: „Euch allein habe ich erkannt aus allen Geschlechtern auf Erden, damit ich an euch heimsuche alle eure Verfehlung" (Am 3,2). Und schließlich betont derselbe Prophet, daß Israel, trotz dieser Erwählung, nicht besser ist als andere Völker: „Seid ihr mir denn besser als die Mohren, ihr Kinder Israel? spricht der Herr. Habe ich nicht Israel aus Ägyptenland geführt und die Philister aus Kaphthor und die Aramäer aus Kir?" (Am 9,7). Hier wird jeder Erwählungshochmut durch Hinweis auf die Mohren (Äthiopier) und die Erzfeinde, Philister und Aramäer, zurückgewiesen, aber im folgenden Vers 8 wird die moralische Mündigkeit Israels wiederum dadurch betont, daß Gottes Augen auf das sündige Königreich Israels blicken. Es wird gerichtet, wenn auch nicht vernichtet.

Endlich wollen wir noch Jes 19,25 heranziehen, den Schlußvers der eschatologischen Vision der Koalition von Ägypten, Assur und Israel: „Und der Herr der Scharen wird sie segnen und sprechen: Gesegnet bist du, Ägypten, mein Volk, und du, Assur, meiner Hände Werk, und du, Israel, mein Erbe."

Hier wird Ägypten, Gottes Volk genannt, der grausame Feind Israels, Assur, ist das Werk der Hände Gottes, und Israel ist und bleibt sein Erbe. Nur im Lichte dieser biblischen Erwählungstexte kann unsere liturgische Formel richtig verstanden werden und bedarf dann keiner Umstilisierung.

Der Kiddusch schließt mit dem Zeitsegen, in welchem die Tischgemeinschaft Gott dafür dankt, daß er sie dieses Fest erleben ließ.

3. Das Brot der Armut

Ehe der Hauptteil, die narrativen Passagen beginnen, gehen vier liturgische Handlungen und Formeln voraus.

Der Liturg (meistens der Hausvater) wäscht sich die Hände oder sie werden ihm gewaschen, wobei aber kein Segensspruch vorgesehen ist. Die Handwaschungen im Ritual erfolgen immer durch Übergießen der Hände. Der Grund hierfür ist, daß in der Antike Zisternen, in welchen das Regenwasser gehortet wurde, dem Hausgebrauch dienten. Um das Wasser in solchen Brunnen nicht zu verunreinigen, war es streng verboten, sich in der Zisterne die Hände zu waschen. Mit einem Schöpfbecher wurde das Wasser aus der Zisterne entnommen und über die Hände auf die Erde gegossen. Dieser Brauch wurde bis heute beibehalten, obwohl längst, auch in Jerusalem, die Wasserleitung die Zisterne ersetzt hat.

Wir können ganz allgemein feststellen, daß sich im Ritual ältere Formen erhalten, die im Profangebrauch überlebt sind. So wird die Kerze zur Festbeleuchtung verwendet, Sabbath-Kerzen oder Lichter zum Chanukka-Makkabäer-Fest, obwohl im täglichen Gebrauch das elektrische Licht die Kerze längst verdrängt hat. Als die Kerzenbeleuchtung noch üblich war, wurde das Öllicht für Ritualien ausschließlich benutzt.

Auch das ungesäuerte Kultbrot, in unserem Falle die Mazza (parallel dazu in der Eucharistie-Feier die Hostie), ist älter als der Hefeteig des täglichen Brotes.

Die Handwaschung wird im NT als kontrovers dargestellt, da die Jünger Jesu sich nicht immer vor dem Mahle die Hände wuschen, was die Pharisäer beanstandeten (Mt 15,20; Mk 7,5).

Diese Unterlassung mag mit dem Wanderleben des Jüngerkreises zusammenhängen. Merkwürdigerweise wird aber Jesus selbst solche Unterlassung nicht vorgeworfen.

Nach der Handwaschung nimmt der Liturg die Erdfrucht (meist Sellerie) und taucht sie in das Salzwasser, spricht den vorgeschriebenen Segen und verteilt dieses schlichte Vorgericht an die Tischgemeinschaft.

Wir haben schon darauf hingewiesen, daß dies ursprünglich der Segensspruch des seßhaft gewordenen Bauern war.

Man nimmt nun das Ei, das Frühlings- und Auferstehungs-Symbol, und den Knochen, der an das Passah-Lamm erinnert, von der Sederplatte und rezitiert eine aramäische Einleitungsformel „Ha lachma anja": „Das ist das Brot der Armut, das unsere Väter im Lande Ägypten aßen. Jeder Hungrige esse mit uns, jeder Bedürftige feiere mit uns das Passah."

Ei und Knochen werden wohl deshalb zurückgestellt, weil sie die positiven Elemente darstellen, nun aber das Brot der Armut im Mittelpunkt steht.

Die Mazza wird an dieser Stelle umfunktioniert. In

der Bibel ist sie das Zeichen des eiligen Auszugs, das Brot der Flucht, denn nach der Legende mußte Israel schließlich so eilig, fluchtartig Ägypten verlassen, daß der Teig für das Brot der Wegzehrung nicht mehr aufgehen konnte. Hier aber wird die Mazza zum Brot der Armut, das die Sklaven während mehr als vierhundert Jahre in Ägypten genossen haben.

Die Datierung der liturgischen Formel ist nicht ganz einfach. Offenbar handelt es sich um einen Text, der aus zwei Teilen zusammengesetzt ist. Der erste, hier zitierte Teil stammt noch aus der Zeit des Zweiten Tempels, da die Einladung sich auch auf den Genuß des Passah-Opfers bezieht, das nach der Tempelzerstörung nicht mehr dargebracht wurde. Der zweite Teil hingegen ist bereits im Exil entstanden.

Die Einladung an Jedermann erinnert an das Gleichnis vom königlichen Hochzeitsmahl: „Gehet hinaus auf die Straßen und ladet alle ein, die ihr trefft . . ." (Mt 22,9; Lk 14,21 u. 23).

Der zweite Teil unserer Formel lautet nun: „Dieses Jahr (noch) hier. Das kommende Jahr (aber) im Lande Israel. Dieses Jahr Knechte, das kommende Jahr Söhne der Freiheit (Benej Chorin)."

Dieser Teil ist später entstanden, geht von der Exilssituation aus. Um den Text der veränderten Wirklichkeit anzupassen, habe ich hier eine gewisse Revision vorgenommen: „Das kommende Jahr, *das ganze Volk* im Lande Israel."

Es ist aber typisch für die Haltung der jüdischen Orthodoxie, daß sie solche Textrevisionen vermeidet, obwohl liturgische Texte nicht, wie der Bibeltext, ihrem Wesen nach unveränderlich bleiben müssen.

Man stellt nun die Symbole, Ei und Knochen, wieder auf die Sederplatte, und nun folgen die vier Fragen des Jüngsten der Tischgemeinschaft, ebenfalls in aramäischer Sprache.

Wie bereits erwähnt, müßten sie sinnvoll am Ende der Feier stehen, wurden aber aus pädagogischen Gründen an den Anfang verlegt.

Manche Forscher vermuten, daß es sich hier um ein Initiationsritual zur Aufnahme des Neophyten in die Totem-Gemeinschaft gehandelt haben mag. Sicher liegen prähistorische Elemente zugrunde, die aber aus dem Bewußsein des normativen Judentums längst geschwunden sind.

Die vier Fragen des Jüngsten lauten:

Wodurch unterscheidet sich diese Nacht von allen anderen Nächten?

1. In allen anderen Nächten essen wir gesäuertes und ungesäuertes (Brot). In dieser Nacht nur ungesäuertes (Mazza)?

2. In allen anderen Nächten essen wir allerlei Kraut, in dieser Nacht nur Bitterkraut?

3. In allen anderen Nächten tauchen wir nicht ein, sogar nicht einmal. In dieser Nacht aber zweimal?

4. In allen anderen Nächten essen wir sitzend oder hingelagert, in dieser Nacht nur hingelagert?

Es ist offensichtlich, daß diese Fragestellungen, in gewollter Naivität, aus der Perspektive des Kindes, formuliert sind. Nur äußerliche Merkmale werden zum Anlaß der Fragen.

Frage 3, die sich auf das zweimalige Eintauchen bezieht, meint jenes Eintauchen der Erdfrucht (Karpass) in den symbolischen Tränenkrug des Salzwassers und das Eintauchen des Bitterkrautes in den Fruchtbrei (Charosseth).

In Jesu Hinweis auf den Verräter, dessen Hand mit ihm über Tische ist und mit ihm den Bissen in die Schüssel eintaucht (Joh 13,26), klingt etwas von Frage 3 an, zumal es sich auch hier um die Auflösung der Frage der Jünger handelt: Wer wird der Verräter sein?

Die schwere Schicksalsfrage, die zugleich eine messianisch-eschatologische Frage ist, denn ohne den Verrat konnte das Erlösungswerk nicht in Gang gesetzt werden, tritt hier vertiefend an die Stelle der harmlosen Frage des Kindes. Diese Variante scheint mir typisch für die Infrastruktur der Abendmahlsgeschichten, die an das Ritual der Sedernacht anknüpfen, sie aber individualisieren (Geschichte des Menschensohns anstelle der Geschichte Israels oder diese ergänzend). Die letzte Frage ist aus der heutigen Form des Rituals nicht mehr ganz verständlich: der Unterschied, zwischen sitzend oder hingelagert das Mahl einzunehmen. An der heutigen Festtafel sitzen die Teilnehmer, nur der Stuhl des Liturgen wird durch Kissen zu einer Art Thron stilisiert, „Hessebett" im jüdisch-deutschen Dialekt genannt. Dieses Wort kommt vermutlich von lessev = sich um den Tisch lagern. Das Wort erscheint in unseren vier Fragen in der Form von „messubin", die sich um den Tisch Lagernden, die Tischgenossen.

Für das Letzte Abendmahl Jesu werden diese Kissen oder Polster, auf die die freien Männer hingestreckt das Festmahl einnahmen, ausdrücklich erwähnt (Mk 14,15; Lk 22,12).

Aus dem eiligen Fluchtmahl der Nomaden war nun ein hebräisches Symposion geworden, das dem fra-

genden Neophyten vorgegeben ist. Zum Symposion
gehört der Wein. So wird bereits zu den vier Fragen
der zweite Kelch gefüllt. War bei den Fragen das Kultbrot noch verdeckt, so wird es nun enthüllt und jetzt
beginnt der narrative Hauptteil. Die Erzählung, mit
welcher der Liturg dem jungen Frager antwortet, holt
weit aus: „Knechte waren wir dem Pharao in Ägypten" (Deut 6,21).

Nun wird die erste Rettertat Gottes, die Befreiung
aus Ägypten „mit starker Hand und ausgestrecktem
Arm" erwähnt, woran sich eine anachronistische Bemerkung anschließt: „Hätte der Heilige, gelobt sei er,
unsere Väter nicht aus Ägypten herausgeführt, so wären wir, unsere Söhne und Enkel, noch immer Knechte des Pharao in Ägypten."

Ich habe diese Bemerkung als anachronistisch be-
zeichnet, denn es ist ja keineswegs so, daß mit dem
Auszug aus Ägypten die Verbindung des jüdischen
Volkes mit Ägypten ein für allemal beendet war.

Schon unter König Salomo bahnen sich enge, sogar
familiäre Beziehungen zum Hofe des Pharao an. Salomo ehelicht eine Pharaonentochter.

Zur Zeit Jesu war Alexandrien in Ägypten das Zen-
trum der jüdischen Diaspora, in welchem sich eine
hellenistisch-jüdische Symbiose bildete, Modellfall für
spätere Erscheinungen dieser Art, von welchen wir
nur das sogenannte goldene Zeitalter des spanischen
Judentums nennen wollen, wo es im frühen Mittelalter
zu engen Verbindungen mit der muslimischen Kultur
in arabischer Sprache kam, und schließlich das deutsche Judentum, das von Moses Mendelssohn im
18. Jahrhundert über Heinrich Heine im 19. Jahrhun-

dert bis zu der Hochblüte des deutschen Judentums im ersten Drittel des 20. Jahrhunderts *eine* Spur verfolgen läßt.

Ägypten wurde geradezu zum Brennpunkt jüdischer Kultur durch das Wirken des Philo von Alexandrien, eines Zeitgenossen des Apostels Paulus. Philo versuchte jüdische Inhalte in griechischer Denkform zu vermitteln, ähnlich wie Paulus selbst, der bekanntlich den „Griechen ein Grieche sein wollte, um allen alles sein zu können".

Vor allem aber wurde Ägypten zur Keimzelle der Verbreitung der jüdischen Glaubensurkunde des Alten Testaments durch die hellenistisch-jüdische Bibel-Übersetzung, die sogenannte Septuaginta (LXX).

Die Einheitsübersetzung der Heiligen Schrift (1980) umreißt in ihrem Anhang den Sachverhalt folgendermaßen:

„Die gesamte hebräische Bibel wurde für die griechisch sprechenden Juden Ägyptens und des Mittelmeerraumes zwischen 300 und 100 vor der Zeitwende von unbekannten Juden in Alexandria ins Griechische übersetzt und so im Gottesdienst der jüdischen Gemeinde von Alexandria verwendet. Diese Übersetzung soll nach der Überlieferung in siebzig Tagen von siebzig Männern verfertigt worden sein; darum erhielt sie den Namen: „(Die Übersetzung der) Siebzig" oder einfach ,Septuaginta' (LXX). Sie wird in der Einheitsübersetzung durch den Buchstaben G, d. h. Griechischer Text, gekennzeichnet. In dieser griechischen Übersetzung wurden auch die sog. deuterokanonischen Bücher aufgenommen."

Bemerkenswert ist, daß diese in Ägypten entstande-

ne Übersetzung primär für den innerjüdischen Gebrauch gedacht war, dann aber zum Instrument der
Verbreitung hebräischen Glaubensgutes unter den
Heiden wurde. Diese Tatsache wurde im Talmud
zwiespältig interpretiert. Nach der einen Auffassung
gleicht die Veröffentlichung der Septuaginta der Offenbarung am Sinai, an welchem der Dekalog in den
siebzig Sprachen der Völker erklungen sein soll.

Nach der anderen Auffassung gleicht die Septuaginta der Zerstörung des Tempels, da die Heiden sozusagen in das Allerheiligste eingedrungen sind.

Diese ambivalente Haltung zeigt die Grundeinstel-
lung von zwei Schulen im Rabbinismus auf. Die eine
Richtung will die Verbreitung des jüdischen Monotheismus fördern, im Sinne der Prophezeiung des Jesa-
ja (2,3; Mi 4,2), daß von Zion die Lehre und das Wort
des Herrn von Jerusalem ausgehe, und im Sinne des
Deutero-Jesaja (42,6), daß Israel ein Licht der Völker
werden solle.

Die andere Richtung will das Heilsgut Israels für das
jüdische Volk exklusiv bewahren, „denn alle Völker
wandeln im Namen ihrer Götter, wir aber im Namen
des Herrn, unseres Gottes, immer und ewiglich"
(Mi 4,5).

Beide Haltungen stützen sich auf Bibelverse. Bekanntlich läßt sich alles aus der Bibel beweisen. Es
kommt nur darauf an, wie man die Akzente setzt.

So wird nach einer Auffassung ein Heide, der sich
mit der Heiligen Schrift befaßt, rangmäßig über den
Hohenpriester gestellt, nach der anderen Auffassung
ist er des Todes schuldig.

Dieser Antagonismus ist nicht nur historisch fest-

stellbar, sondern bis in die Gegenwart hinein spürbar.
Der Wunsch, die Glaubenswahrheiten Israels der Welt
zu vermitteln, wie er vor allem im klassischen Libera-
lismus und im Reformjudentum des 19. Jahrhunderts
zum Ausdruck kam, steht einer bewußten Gettoisie-
rung des orthodoxen Judentums gegenüber, das sich
in einer „splendid isolation" auf sich selbst reduziert.

Der bedeutendste Vertreter einer liberalen jüdischen
Theologie in unserer Zeit, Rabbiner Leo Baeck, der
durch ein Wunder das Konzentrationslager Theresien-
stadt überlebte, wollte in der Nachkriegszeit ein jüdisches Missionsseminar dem Reformrabbinerseminar
„Hebrew Union College" in Cincinnati (Ohio, USA)
angliedern, um durch Ausbreitung des Judentums den
furchtbaren Aderlaß von sechs Millionen Seelen im
Holocaust auszugleichen. Er drang mit diesem Vor-
schlag nicht durch.

Martin Buber hingegen – im Gegensatz zu seinem
Mitarbeiter Franz Rosenzweig – lehnte jede Art von
Mission ab: „Der Jude muß nicht durch das Christentum, der Christ nicht durch das Judentum gehen, um
zu Gott zu gelangen."

Obwohl Buber formelle Übertritte ablehnte, trug
gerade er, mehr als jeder andere, zur Verbreitung jüdischen Glaubensgutes, von der Bibel bis zum Chassidismus, in der westlichen nichtjüdischen Welt bei.
Verbreitung dessen, was Buber den „Geist des Judentums" nannte, schien ihm voll legitim, nicht aber Mission im Sinne von Konversion.

Diese Abstinenz erklärt sich aus Bubers Skepsis gegenüber jeder Art organisierter Religion: „Die Reli-
gionen sind Exile des Glaubens, aber es ist Gott selbst,

der uns in diese Exile einweist", sagte mir Buber einmal im Gespräch.

Kehren wir zu unserem Text zurück: „Auch wenn
wir alle Weise, Verständige, Alte, (Erfahrene), Kenner
der Thora wären, verbliebe uns das Gebot, vom Exodus aus Ägypten zu *erzählen*. Jeder, der viel vom
Exodus erzählt, ist lobenswert." Damit wird der narrative Imperativ gesetzt und zugleich durch ein Beispiel illustriert.

Es wird eine Szene aus der Zeit des Bar-Kochba-
Aufstandes (135 n. Chr.) angeführt, in welcher die
Tannaiten Rabbi Elieser, Rabbi Jehoschua, Rabbi Elasar ben Asarja, Rabbi Akiba und Rabbi Tarphon in
dem Örtchen Benei-Berak versammelt waren (nicht
identisch mit dem heutigen Benei-Berak bei Tel-Aviv,
sondern in Galiläa gelegen) und die ganze Nacht über
den Auszug aus Ägypten diskutierten, bis ihre Schüler
kamen und sie daran erinnerten, daß die Zeit für das
Morgengebet gekommen sei.

Ein ähnlicher Bericht findet sich in Tanna d. b.
Elijahu X, 12: hier ist der Ort Lydda, die Teilnehmer
Rabban Gamaliel und seine Kollegen und das Thema
die Passah-Vorschriften.

Aus dem Protokoll von Benei Berak wird eine hala-
chische Frage des Rabbi Elasar ben Asarja überliefert:
„Siehe, ich bin wie ein Siebzigjähriger, und es wurde
mir nicht klar, ob man über den Auszug aus Ägypten
auch in der Nacht sprechen solle; bis Ben Soma die
Stelle (Deut 16,3) erläuterte: damit du gedenkest des
Tages deines Auszugs aus Ägypten, alle Tage deines
Lebens. Die Tage deines Lebens meint die Tage. Alle
Tage deines Lebens meint auch die Nächte.

Die Weisen aber sagen: die Tage deines Lebens meint: diese Welt. *Alle* Tage deines Lebens weist auf die Tage des Messias hin. "

Wenn Elasar ben Asarja sagt, er sei wie ein Siebzigjähriger, so bedeutet das nicht, daß er sich diesem biblischen Lebensalter nähert. Er war ein junger Mann, wurde aber trotz seiner Jugend zum Vorsitzenden des Synhedrion gewählt. Und nun erzählt die Legende, daß er in einer Nacht ergraut sei, um wie ein ehrwürdiger Greis zu wirken. Vielleicht haben ihm aber auch die Sorgen um das stets uneinige Synhedrion die Haare gebleicht.

Die andere gängige Erklärung ist, daß sich Elasar ben Asarja empfunden habe wie einer der Rückkehrer aus dem siebzig Jahre umfassenden Babylonischen Exil. Er war, wie Akiba und die anderen Gesprächsteilnehmer, davon überzeugt, daß die römische Fremdherrschaft durch Bar-Kochba ihr Ende gefunden habe, sodaß er gleichsam aus dem Exil zurückgekehrt war.

Diese Einschätzung und Überschätzung des Bar-Kochba erwies sich als tragischer Irrtum, und so wird Bar-Kochba (Sternensohn) nach seinem Fall in der Festung Bethar im Talmud als Bar-Kosiba (Lügensohn, falscher Messias) disqualifiziert.

Damit wird ihm sicher ein Unrecht zugefügt. Die Tannaiten aber, an ihrer Spitze Rabbi Akiba, die ihren messianischen Irrtum mit dem Märtyrertod unter Kaiser Hadrian büßten, werden entschuldigt: "Aus Liebe zu Israel verblendet Gott zuweilen die Augen der Weisen", was dem deutschen Sprichwort entspricht: „Liebe macht blind. "

Nach den exegetischen Darlegungen des Elasar ben

Asarja wird der narrative Teil durch den Lobpreis
Gottes unterbrochen: „Gelobt sei der Allgegenwärtige, gelobt sei er." Hier verwendet unser Text den
umschreibenden Gottesnamen „Ha-Makom", wörtlich: der Ort.

Die Rabbinen haben es streng vermieden, den Gottesnamen JHWH zu gebrauchen und selbst die Umschreibung Adonaj, der Herr, die mit der Übersetzung
der LXX „Kyrios" zusammenhängt, wurde später
ausgespart. Makom hängt exegetisch mit der Stelle im
Esther-Buch zusammen, in welcher Mardochai der
Königin Esther ansagt, daß im Falle ihrer Weigerung,
zu König Ahasveros zu gehen, den Juden Rettung und
Hilfe von anderem Ort (Makom acher) zukommen
werde (Esth 4,14).

Die Kabbala, die jüdische Mystik, hat den Begriff
Makom weiter stilisiert und betont, daß Gott der Ort
der Welt ist, nicht umgekehrt. Gott ist also, so gesehen, der Ort kat' exochen.

Solche Umschreibung des Gottesnamens ist auch
für die Redeweise Jesu typisch. Wenn er von Himmel
oder den Himmeln spricht, ist damit häufig Gott gemeint, so vor allem in der Bezeichnung ‚Himmelreich‘
oder ‚Reich der Himmel‘, worunter durchgängig
nicht ein Reich im Himmel zu verstehen ist, sondern
das Reich Gottes – für diese Erde.

Unser liturgischer Text preist nun Gott dafür, daß
er seinem Volk Israel die Thora gegeben hat, und nun
wird die kühne Behauptung aufgestellt, daß die Thora
von vier Söhnen spreche: einem Weisen, einem Bösen,
einem Einfältigen und einem, der nicht zu fragen versteht.

Es ist aber in Wirklichkeit nirgends in der Thora von diesen vier symbolischen Söhnen die Rede. Das ergibt sich nur durch eine pneumatische Exegese, aus vier Fragestellungen, aus denen auf den Charakter dieser vier Typen rückgeschlossen wird: der Weise fragt (Deut 6,20): „Was bedeuten diese Zeugnisse, Gesetze und Rechtssatzungen, die der Herr, unser Gott, euch geboten hat?"

Ihm ist auf diese umfassende Frage gemäß dem Text zu antworten: „Nach den Vorschriften für das Pessach (Opfer) schließt man das Kultmahl mit dem Aphikoman, einer Nachspeise."

Diese Antwort muß als unpassend auffallen, wenn man nicht die hermeneutische Regel „Kal wa-Chomer", den Schluß vom Leichteren auf das Schwerere, involviert. Hier soll angedeutet werden, daß man dem weisen oder klugen Frager detailliert antworten soll, und ihn mit all den komplizierten Kultvorschriften vertraut machen müsse.

Dem Bösen wird die Frage aus Ex 12,26 in den Mund gelegt, die ganz ähnlich der des Weisen klingt: „Was bedeutet euch dieser Dienst?"

Die Bosheit des Bösen zeigt sich nur darin, daß er sich distanziert und fragt, was bedeutet *euch* dieser Dienst. Indem er sich selbst von der Gemeinschaft absondert, wird er zum Ketzer. Das entspricht genau dem Grundsatz aus den Sprüchen der Väter: „Sondere dich nicht von der Gemeinschaft ab" (Aboth II,5).

Judentum ist Glaube der Gemeinschaft. Dafür zeugt der Brauch, daß nur eine Zehn-Männer-Gemeinschaft eine gültige Betergemeinde darstellt. Der Gemeinschaftsgedanke wird auch in dem Worte Jesu deutlich:

„Wo zwei oder drei in meinem Namen versammelt sind, bin ich mitten unter ihnen" (Mt 18,20).

Dem böswilligen Fragen wird mit Ex 13,8 geantwortet: „Darum hat der Herr mir so getan bei meinem Auszug aus Ägypten."

Der Antwortende identifiziert sich also mit der Generation des Exodus und fügt hinzu: „Mir (ist die Heilstat Gottes widerfahren) und nicht ihm, dem Böswilligen. Wäre er dort (in Ägypten) gewesen, wäre er nicht erlöst worden."

Diese scharfe Antwort wird als ein ‚Stumpfmachen der Zähne‘ bezeichnet, denn die hämische Frage gleicht dem Biß (der Schlange).

Der Einfältige fragt mit Ex 13,9: „Was ist das?" Und ihm soll geantwortet werden: „Mit starker Hand hat uns der Herr aus Ägypten, aus dem Sklavenhause geführt."

Hier wird das narrative Element intoniert. Gemeint ist mit dieser Kurzantwort, daß dem naiven Frager mit der *Erzählung* vom Exodus zu antworten sei. Man sieht deutlich, daß unser Haggada-Text nur Stichworte gibt. Hier wäre anzuknüpfen, was in der Praxis selten geschieht.

Derjenige, der nicht zu fragen versteht, soll aber auch belehrt werden. Ihm möge man das Gespräch eröffnen, bezugnehmend auf das Grundmotiv Ex 13,8: „Du sollst es deinem Sohn ansagen an diesem Tage." Was sollst du ihm ansagen? Alle Heilstaten Gottes bei *meinem* Auszug aus Ägypten.

Es wurde von Mythenforschern der Vermutung Ausdruck gegeben, daß diese vier symbolischen Söhne gewissermaßen Maskenträger eines Kultspieles waren, wie sie jedes Initiationsritual aufweist, z. B. die altdeutschen Pertenspiele.

In diesem Zusammenhang ist der Begriff ‚Persona‘ gegeben, die Maske des Schauspielers im antiken Drama bei Griechen und Römern. Wir müssen uns also diese Frager gewissermaßen als Maskenträger vorstellen.

Der Begriff ‚Persona‘ liegt auch dem Trinitätsdogma zugrunde. Der bildlose Gott wendet sich, nach dieser Auffassung, die vom Judentum nicht nachvollzogen wurde, in dreifachem Antlitz (Maske) Welt und Menschen zu: der Vater als Schöpfer, der Sohn als Erlöser, und der Heilige Geist als der Tröster (Paraklet). Judentum und Islam halten diese Definition für nicht vereinbar mit dem strengen Monotheismus: „Der Herr unser Gott, der Herr ist EINER“ (Deut 6,4).

Die vier ‚Söhne‘ unseres liturgischen Textes profilieren sich deutlich in den Abendmahlsberichten des NT. An sich nehmen an diesem Mahl dreizehn Personen teil. Jesus und seine zwölf Jünger, von welchen dann einer ausscheidet.

Diese Zahl hat eine doppelte Bedeutung: die zwölf Stämme Israels, einer ideal-typischen Setzung, die empirisch so nie gegeben war. Mit dem Meister zusammen aber bilden sie die Zahl dreizehn, die den Gnadeneigenschaften Gottes entspricht, welche dem Mose am Sinai offenbart wurden (Ex 34,6–7).

Von den dreizehn Versammelten werden aber nur vier sichtbar, während die anderen sozusagen als Statisten im Hintergrund (des Passionsspiels) verbleiben. Die vier sichtbaren Personen entsprechen genau den

vier Typen unserer Haggada: der Weise ist Jesus selbst,
der Böse ist Judas Ischarioth, der Einfältige ist Petrus,
der nicht ahnt, um welche Tragik es bei diesem Mahle
geht. Derjenige, der nicht zu fragen versteht, aber ist
der Lieblingsjünger, der an der Brust Jesu ruht (Johannes?), zu dem Petrus spricht: „Frage du den Meister"
(Joh 13,24). Petrus tut nun also genau das, was unser
Text anordnet, er öffnet dem stummen Jünger den
Mund zur Frage.

Dieser letzte Typus, der nicht zu fragen versteht,
wurde für Rabbi Levi Jizchak von Berditschew, dem
großen Liebenden unter den Meistern des Chassidismus, zum eigenen Spiegelbild:

„Rabbi Levi Jizchak von Berditschew pflegte, wenn
er in der Pessach-Haggada an die Stelle von den vier
Söhnen und in dieser an den vierten Sohn kam, an den,
‚der nicht zu fragen weiß‘, zu sagen: ‚Der nicht zu
fragen weiß, das bin ich, Levi Jizchak von Berditschew. Ich verstehe dich nicht zu Fragen, Herr der
Welt, und wenn ichs verstünde, ich brächte es doch
nicht fertig. Wie könnte ich mich unterfangen, dich zu
fragen, warum alles so geschieht wie es geschieht,
warum wir aus einem Exil ins andere getrieben werden, warum unsere Widersacher uns so peinigen dürfen! Aber in der Haggada wird zum Vater des Frageun-
kundigen gesprochen: ‚Eröffne du es ihm!‘ Sie beruft
sich auf die Schrift, in der es heißt: ‚Ansagen sollst du
es deinem Sohn!‘ Und ich bin ja, Herr der Welt, dein
Kind. Nicht darum bitte ich dich, daß du mir die
Geheimnisse deines Weges enthüllest – ich könnte sie
nicht ertragen. Aber das eröffne du mir, tiefer, klarer,
was dies hier, das jetzt eben geschieht, mir meint, was

es von mir fordert, was du, Herr der Welt, mir damit ansagst. Ach, nicht warum ich leide, will ich wissen, nur ob ich dir zu Willen leide." (Martin Buber, Die Stunde und die Erkenntnis. Berlin 1936. S. 33–34. Geschehende Geschichte).

Genau diese Fragestellung ist dem heutigen Menschen weithin verschlossen. Darüber hinaus scheint mir der Sohn, der nicht zu fragen versteht, der typische Repräsentant unserer Zeit zu sein.

Der moderne Mensch hat sich das Fragen abgewöhnt. Wir haben es mit einer fraglosen Generation zu tun. Der Mensch ist müde geworden, nach dem Sinn von Welt und Leben, von Geschichte und Schicksal zu fragen.

Der tragische Theodor Lessing (1872–1933), der in Marienbad einem Mordanschlag der Nazis zum Opfer fiel, nannte die Geschichte die Sinngebung des Sinnlosen.

Für ihn war die Geschichte an sich sinnlos und nur der Mensch versucht immer und immer wieder, dem Sinnlosen einen Sinn abzuverlangen, so wie es Claudio in Hofmannsthals Frühwerk „Der Tor und der Tod" formuliert:

> Wie wundervoll sind diese Wesen,
> Die, was nicht deutbar dennoch deuten . . .

Deutung der Geschichte ist für das biblische Verständnis Gabe der Prophetie. Der Prophet allein wird zum Mitwisser Gottes und erkennt den verborgenen Sinn der Geschichte, bringt diese Deutung als Gottesspruch dem Volk und den Völkern, ohne immer sogleich auf Verständnis zu stoßen, denn wir sind nicht nur die Söhne, die nicht zu fragen verstehen, sondern auch die Menschen, die nicht zu hören vermögen.

Deshalb bittet Salomo Gott um ein „hörendes Herz" (1Kön 3,9).

Im biblischen Sprachgebrauch ist nicht nur das Ohr, sondern auch das Herz hörender Empfänger. Dies freilich in einem übertragenen Sinne, der auch im deutschen Sprachgebrauch gegeben ist, wenn man das Gehörte sich zu Herzen nimmt.

Jesus aber sagt ganz einfach: „Wer Ohren hat, der höre" (Mt 11,15). Sicher ist damit nicht gemeint, daß es Menschen ohne Ohren gibt, vielleicht die Tauben, sondern gemeint ist jenes innere Ohr, das mit einem direkten Kanal zum Herzen verbunden ist.

Es ist die Tragik des heutigen Menschen, daß über den allzu vielen und allzu lauten Stimmen der Zeit das innere Ohr verkümmert. Taubheit und Stummheit hängen meist zusammen, sodaß der Taube auch nicht mehr zu fragen weiß.

Ein einprägsames Beispiel hierfür gab mir der Pfarrer der „Arche" in Wolfsburg, der Volkswagenstadt. Er wies mich darauf hin, daß die Arbeiter, die täglich sieben Stunden in der Lärmhölle des Werkes arbeiten, die Sprache verlernen. Heimgekehrt aus dem lärmenden Werk setzen sie sich vor ihren Fernseher, lassen sich etwas zeigen und erzählen, sind aber kaum mehr in der Lage, über die tägliche Verständigung hinaus ein wirkliches Gespräch zu führen. Sie fragen nichts mehr, weil ihr Herz taub geworden ist vom Lärm der Produktion, die keine individuelle mehr ist, sondern auf die Handgriffe am Fließband reduziert wurde.

Wir müssen wieder versuchen, das innere Ohr zu

öffnen und nach Sinn und Ziel der geschehenden Geschichte zu fragen.

4. Die rechte Stunde

Bevor nun auf die Fragen des Jüngsten die ausführliche Antwort des Erzählers erfolgt, wird die Datumsfrage gestellt: „Wann tritt die Pflicht, dem Sohn zu erzählen, in Kraft?" „Ich hätte meinen können, vom Neumondstage an (bezugnehmend auf Ex 12 u. 13,5), aber nun wird durch eine hermeneutische Exegese dargelegt, wenn auch nicht sehr überzeugend, daß die Erzählerpflicht erst in der (Abend-)Stunde beginnt, in welcher das ungesäuerte Brot und die bitteren Kräute vor dir liegen."

Die Fixierung auf die Abendstunden der Seder-Feier haben rabbinische Autoritäten, wie Rabbi Jakob Emden und den Gaon von Wilna, dazu veranlaßt, den Brauch, die Haggada schon am Großen Sabbath vor dem Passah-Fest zu lesen, abzulehnen.

Nach der Datumspräambel beginnt nun die weit ausholende Erzählung: „Im Anfang waren unsere Väter Götzendiener, und nun hat uns der Allgegenwärtige (Hamakom) seinem Dienste nahe gebracht."

Hier wird bezug genommen auf eine spätere Stelle in der Bibel, Jos 24,2–4: „. . . sprach Josua zum ganzen Volk: so spricht der Herr, der Gott Israels: eure Väter wohnten vor Zeiten jenseits des (Euphrat-)Stroms, Therach, Abrahams und Nahors Vater, und dienten anderen Göttern. Da nahm ich euren Vater Abraham von jenseits des Stroms und ließ ihn umherziehen im ganzen Land Kanaan und mehrte sein Geschlecht und gab ihm Isaak. Und Isaak gab ich Jakob und Esau und gab Esau das Gebirge Seir zum Besitz; Jakob aber und seine Söhne zogen hinab nach Ägypten."

Es ist typisch für die Komposition und Struktur der Haggada, daß für jede Aussage derselben jeweils eine Belegstelle aus der hebräischen Bibel herangezogen wird. Nur, was mit einem Bibelvers belegt werden kann, gilt als legitime Äußerung. Dieses Prinzip findet sich in allen Diskussionen des Talmud. Der Bibelvers als solcher wird auf seinen historischen Wahrheitsgehalt nicht mehr hinterfragt, wohl aber auf den verborgenen Sinn, der nicht ohne weiteres aus der Wörtlichkeit erhellt.

Dieses Prinzip findet sich sofort in der Danksagung, die sich an unseren Josua-Text anschließt: „Gelobt sei, der seine Verheißung an Israel bewährt hat. Gelobt sei ER."

Hier ist unter Israel der primäre Träger dieses Namens, der Vater Jakob, zu verstehen, denn die Verheißung wäre ja auch an Esau erfüllbar gewesen, der aber mit dem Gebirge Seir abgefunden wurde.

Der liturgische Text preist also Gott dafür, daß er die dem Abraham gegebene Verheißung an Jakob, also Israel, nun auch im volkhaften Sinne, bewährt hat.

Der narrative Text fährt fort mit Betonung der göttlichen Vorsehung. Gott hat das Ende berechnet, Gott allein. Das entspricht genau der eschatologischen Auffassung Jesu: Keiner weiß den Tag noch die Stunde, auch nicht der Sohn, auch nicht die Engel am Himmel, nur der Vater allein (Mt 24,36; Mk 13,32).

In unserem Text bezieht sich die Vorsehung allerdings nicht auf den Jüngsten Tag, sondern auf die Zusagen Gottes an Abraham beim Bund zwischen den Opferstücken (Gen 15,13–14): „Da sprach der Herr zu Abraham: Das sollst du wissen, daß deine Nachkommen werden Fremdlinge sein in einem Lande, das nicht das ihre ist; und da wird man sie zu dienen zwingen und plagen vierhundert Jahre; aber ich will das Volk richten, dem sie dienen müssen. Danach sollen sie ausziehen mit großem Gut."

Aus der hier zitierten Genesis-Stelle wird der Grundsatz klar: Gott ist der Herr der Geschichte. Er kennt ihren Lauf und ihr Ziel.

Involviert das nicht eine Prädestinationslehre, welche die Freiheit des Menschen in Frage stellt? Die Erklärungsversuche bleiben unzulänglich. So meint Maimonides, daß Gott dem Menschen zwar die Freiheit belasse, aber gleichsam als vorauswissender Zuschauer seine Handlungsweisen beobachtet. Die Paradoxie solcher Determinismen kulminiert in dem Spruch des Rabbi Akiba: „Alles ist vorgesehen, aber die Wahl ist gelassen" (Aboth III, 19).

Biblische Aussagen wurden immer – in Judentum und Christentum – im Sinne der paradigmatischen Transparenz verstanden. Das Bibelwort wird zum Paradigma, indem es transparent wird. So hat der Jude in unserer Zeit die Verheißung an Abraham beim Bund zwischen den Opferstücken wieder auf sich bezogen: auch das Volk, das Israel bedrückt, wird und wurde gerichtet, und selbst die Zusage einer materiellen Wiedergutmachung hat sich konkretisiert.

Die Rabbinen haben die Schätze, mit welchen die Kinder Israel aus Ägypten ausgezogen sind, damit erklärt, daß es sich um den vorenthaltenen Lohn für mehr als vierhundert Jahre gehandelt habe.

Wiederum findet eine Unterbrechung der Erzählung durch Lobspruch statt, wobei das Brot der Armut verhüllt und der Kelch erhoben wird: „Und das ist es, was uns und unseren Vätern beistand: denn nicht in einer Generation allein, sondern in allen Generationen standen sie (die Feinde Israels) gegen uns auf, um uns zu vernichten. Aber der Heilige, gelobt sei Er, hat uns aus ihrer Hand errettet."

Tiefe Geschichtserkenntnis spricht aus diesem liturgischen Dankgebet. Die Tatsache, daß in jeder Generation Feinde Israels sich gegen dieses Volk erhoben, hat das jüdische Volk hart gemacht und, paradoxerweise, seinen Bestand garantiert.

Ein Führer des modernen Zionismus, Wladimir Seew Jabotinsky hat diese Erkenntnis in den Satz zusammengefaßt: „Der Feind aber ist der eiserne Reifen der Nation."

Jüdische Geschichte in der Diaspora (aber auch im Lande Israel) wird durch die dialektische Spannung der Antagonismen: Assimilation und Verfolgung gekennzeichnet.

In den Ruhepausen der Geschichte, wenn eine Integration des jüdischen Volkes in seine Wirtsvölker möglich wurde, und in Ruhepausen der Geschichte Israels im eigenen Lande, wenn eine Angleichung und Verschmelzung mit den Nachbarvölkern sich ergab, war dieses Volk immer vom Verlust der eigenen Identität bedroht. Es sollte nicht wie alle Völker sein, hegte aber stets den Wunsch nach den „Wonnen der Gewöhnlichkeit" (Thomas Mann).

Nur durch die schmerzliche Reaktion der Feinde Israels wurde das Volk immer wieder in die eigene Zone von Bund und Verpflichtung gleichsam zurückgepfiffen.

Nach dem merkwürdigen Dankspruch für die Schwere des Schicksals, das aber nie zur völligen Vernichtung des Bundesvolkes geführt hat, wird der Kelch wieder abgestellt und das Kultbrot aufgedeckt. Der narrative Teil erfährt seine Fortsetzung.

Noch ist man nicht beim eigentlichen Thema, sondern greift wiederum zurück auf die Vätersagen. Dabei tritt die Gestalt Jakobs als des Namensträgers Israel in den Gesichtskreis. Die Hörer werden aufgefordert, das böswillige Verhalten von Jakobs Schwiegervater Laban als erstes Beispiel des Vernichtungswillens zu erinnern. Laban sei noch schlimmer als Pharao gewesen. Dieser wollte nur den Mannesstamm Israels vernichten durch das Gebot, alle männlichen Neugeborenen der Hebräer in den Nil zu werfen, Laban aber habe die ganze Sippe ausrotten wollen.

Davon lesen wir in der Genesis aber gar nichts, sondern nur durch eine Umdeutung des Aramäer-Spruches (Deut 26,5) wird diese Exegese erzielt: „Mein Vater war ein umherziehender Aramäer und zog hinab nach Ägypten und war dort ein Fremdling mit wenig Leuten und wurde dort ein großes starkes und zahlreiches Volk."

So wie wir den Aramäerspruch hier wiedergegeben

haben, ist von einem Vernichtungswillen keine Spur zu finden. Der massoretische Test ist aber mehrdeutig: „Arami *oved* avi". Während ich hier von einem umherirrenden Aramäer sprach, übersetzt Buber: abgesprengt, ein abgesprengter Aramäer war mein Vater: „Dieses Wort ‚abgesprengt‘ ist Hirtensprache. So wird von einem Schaf geredet, das sich von der Herde hinweg verloren hat (Jer 50,6; Hes 34,4.16; Ps 119,176)." (Martin Buber, Israel und Palästina. Zürich 1950. S. 20).

Buber weist darauf hin, daß Abraham in der Tat ein abgesprengter Aramäer war, wenngleich sich unser Aramäerspruch primär auf Jakob bezieht.

Das Wort ‚oved‘ (mit Aleph geschrieben) kann aber auch mit ‚vernichten‘ übersetzt werden. Also ein der Vernichtung naher Aramäer, und so übersetzt tatsächlich der revidierte Luther-Text von 1973.

Die narrativen Partien erfahren nun ihre Fortsetzung. Der Erzähler berichtet, daß Jakob nach Ägypten herabzog, wobei dieses Verlassen des Landes der Verheißung mit einem göttlichen Befehl begründet wird. Jakobs Sippe wohnte in Ägypten, obwohl dies nicht die ursprüngliche Intention war, denn die Brüder Josephs sagten zu Pharao (Gen 47,4): „Zu zeitweiligem Aufenthalt sind wir in das Land gekommen aus Mangel an Weideflächen . . ."

Hier haben wir einen eklatanten Beweis für den Bedeutungswandel hebräischer Wörter. Für den vorübergehenden Aufenthalt wird das Wort ‚lagur‘ gebraucht, das im heutigen Ivrith das Gegenteil bedeutet: dauernden Aufenthalt, Wohnsitz.

Das Schicksal der Jakobssöhne und späteren Stämme ist typisch für jüdisches Schicksal. Wie oft ist es vorgekommen, daß ein Mitglied der Familie, gerade das schwarze Schaf der Sippe, ausgewandert ist, sagen wir nach Amerika, und es dort zu Ansehen und Wohlstand gebracht hat. Dann läßt es die Seinen nachkommen, und sie werden schließlich seßhaft im Emigrationslande. Aber es kann vorkommen, daß eine Welle von Antisemitismus die so seßhaft gewordenen Familien wieder aus dem Lande treibt.

Wir haben also in der Josephsgeschichte einen Modellfall für jüdische Emigrationsprozesse.

Unsere Erzählung weist nun darauf hin, daß Jakobs Sippe mit nur siebzig Seelen nach Ägypten herabzog, aber dort in der Landschaft Gosen (die nur schwer zu lokalisieren ist) zum mächtigen Volke wurde. Mit Belegstellen aus Ex 1,7 bis zu Hes 16,7, wird diese Aussage bekräftigt.

Die Knechtschaft in Ägypten wird mit Deut 26,6 und Ex 1,11–13 belegt, wobei der Erzähler sich und die Tischgemeinschaft immer mit den Generationen Israels in der ägyptischen Knechtschaft identifiziert.

„Wir schrien zum Herrn, dem Gott unserer Väter, und der Herr hörte unsere Stimme, sah unser Elend, unsere Fronarbeit und unsere Bedrückung" (Deut 26,7).

Das Elend Israels in Ägypten, Modellfall bis in unsere Zeit, wird im Midrasch mit der Dornbusch-Szene in Verbindung gebracht. So lesen wir Exodus Rabba 2,5: „Der Heilige, gelobt sei Er, sprach zu Mose: fühlst du denn nicht, daß ich mich in Schmerzen befinde, genau wie Israel sich in

Schmerzen befindet? Merke es an dem Ort, aus dem Ich mit dir rede – aus den Dornen! So teile Ich Israels Leid. "

Hier haben wir den Gedanken vom leidenden oder mitleidenden Gott. Ich gebe der Vermutung Ausdruck, daß die historisch nicht bezeugte Dornenkrone Jesu mit diesem Midrasch zusammenhängen mag. Vom leidenden Gott in den Dornen zum leidenden Gottessohn mit der Dornenkrone ist nur ein Schritt.

Die Sätze 'der Erzählung werden auseinandergenommen und jeweils exegetisch erhärtet.

Sehr merkwürdig ist die Erklärung zu der Stelle Ex 2,25: „Und Gott sah auf die Kinder Israel und Gott erkannte." Diese Stelle erfährt eine verhaltene Erklärung. Das Elend der Kinder Israel wird auf die Tötung der Söhne bezogen, die zum Aussetzen des ehelichen Verkehrs führte. Nun aber wird das Erkennen Gottes im Doppelsinne verstanden. Gott erkannte nicht nur das Elend der Kinder Israel, sondern offenbar auch die Frauen der Hebräer. Eine Aggada, die sich, soweit ich sehe, nur in einem Kommentar eines Enkels des Gaon von Wilna findet, spricht davon, daß die kleinen Kinder bei der Wüstenwanderung einen Engel erblickten und ihn ,Abba' anriefen. Er war also ihrer aller Vater.

Es sollte uns nicht wundern, wenn es sich in dieser Legende um den Engel Gabriel handelt, der auch der Engel der Verkündigung im NT ist und Maria ansagt, daß sie vom Höchsten überschattet werde, um einen Sohn zu gebären (Lk 1,35).

„Gabriel" heißt ja: „Mein Mann ist Gott" – und *daher* ist es gerade der Engel Gabriel, dem solche Verkündigung obliegt, denn der Bote und die Botschaft sind identisch.

Die Geschichte vom Kindermord in Ägypten (Ex 1,22) stellt für das NT natürlich die Präfiguration der Sage vom Kindermord zu Bethlehem dar. In beiden Fällen dürfte es sich nicht um historische Vorgänge handeln, aber es gehört zum Archetypus der Sage von der Geburt des Helden (hier Mose einerseits, Jesus andererseits), daß er als der große Einzelne aus einem Gesamtschicksal herausgehoben wird.

Jetzt nähert sich unsere Erzählung einem Kulminationspunkt: dem Exodus. Grundlage ist Ex 12, wobei sich eine merkwürdige Polemik gegen das Christentum anschließt: Gott spricht: „*Ich durchziehe das Land Ägypten*, Ich und kein Engel. Und ich *schlage die Erstgeburt*, Ich und kein Seraph. *Und an allen Göttern Ägyptens werde ich Strafgericht üben*, Ich und kein Bote. *Ich bin der Herr*, Ich bin es und kein anderer.“

Primär wendet sich dieser exegetische Hymnus wohl gegen einen Kult der Persönlichkeit des Mose. Der Exodus ist nicht seine Rettertat, sondern die Gottes.

Leo Baeck machte allerdings darauf aufmerksam, daß gerade die Formel, mit der unser Hymnus schließt: „Nicht durch einen Boten oder Gesandten“ einen Widerspruch zur Christologie darstelle. Nicht durch seinen Gesandten (Christus) hat Gott sein Volk erlöst, sondern er selbst ist der Erlöser. Dieses Motiv kehre in der Polemik der Rabbinen gegen die Kirchenväter der ersten Jahrhunderte regelmäßig wieder.

Es ist nicht ausgeschlossen, daß unser Text diesbezüglich deutlicher war, aber kirchlicher Zensur oder –

was noch näher liegt – jüdischer Selbstzensur zum Opfer gefallen ist.

Es müßte dann ursprünglich statt ‚Schaliach‘ (Gesandter) ‚Maschiach‘ (Messias) geheißen haben, wobei, da es sich nicht um ein endzeitliches Geschehen handelt, ein falscher Messias gemeint wäre.

Antichristliche Polemik der ersten drei Jahrhunderte (später war es kaum mehr möglich, jedenfalls höchst gefährlich) ist uns meist nur in entschärfter, d. h. entstellter Form überliefert.

Die kirchliche Zensur einserseits und die jüdische Selbstzensur andererseits haben die Polemik immer mehr und mehr zurückgedrängt. Religionsdisputationen wurden den Juden zwar aufgedrängt, aber die Ebenenungleichheit der Gesprächspartner machte eine dialogische Begegnung a priori unmöglich.

Die Folge davon war, daß die gegenseitige Kenntnis immer geringer wurde. Die Nachwehen solcher ‚Vergegnung‘ (das Wort stammt von Martin Buber) reichen bis in die Gegenwart und zeigen sich etwa darin, daß namhafte christliche Theologen in Abrede stellen, daß Jesu Letztes Abendmahl eine Seder-Feier, ein Passah-Mahl war.

Der erzählende Text geht nun in exegetischer Form weiter, wobei jeder Ausdruck durch einen Bibelvers erklärt wird, nach dem Grundsatz: Die Bibel erklärt sich selbst.

Gott erlöst sein Volk mit *starker Hand.* Darunter wird die Pest verstanden, wofür Ex 9,3 herangezogen wird: „Siehe die Hand des Herrn wird an deinem Vieh auf dem Felde, an den Pferden, Eseln, Kamelen, an Groß- und Kleinvieh als schwere Pest lasten."

„Und mit *ausgestrecktem Arm*", darunter wird das Schwert verstanden, gemäß einem aus anderen Zusammenhängen genommenen Bibelvers 1Chr 21,16: „Und ein gezücktes Schwert in seiner ausgestreckten Hand über Jerusalem."

Man sieht, daß hier ein Kenn- oder Reizwort genommen wird, „gezücktes Schwert in ausgestreckter Hand", ohne Rücksicht auf den Kontext.

„*Und mit großer Erscheinung*", dies wird auf die Enthüllung der Schekhina gedeutet, bezugnehmend auf Deut 4,34: „Hat je ein Gott versucht hinzugehen und sich ein Volk mitten aus einem Volk herauszuholen durch Machtproben, durch Zeichen, durch Wunder, durch Krieg und durch seine mächtige Hand und durch seinen ausgestreckten Arm und durch große Schrecken, wie das alles der Herr, Euer Gott, für euch getan hat in Ägypten vor deinen Augen?"

In diesem zum Beweis herangezogenen Bibelvers kommt das Wort oder der Begriff Schekhina nicht expressis verbis vor, wird aber im Sinne der rabbinischen Exegese so verstanden. In diesem Zusammenhang bemerkt Raschi zu dieser Passage: „Hier ist gezeigt worden, wie der Targum (die aramäische erklärende Übersetzung) sagt: als der Heilige, gelobt sei Er, die Thora gab, öffnete er Israel die sieben Himmel; und wie er ihnen die oberen Sphären öffnete, so öffnete er ihnen auch die unteren Regionen, damit er ihnen zeige, daß Er einzig ist."

In diesem Sinne werden auch die Zehn Plagen in Ägypten als Offenbarung der Schekhina gedeutet und gewertet.

Die Schekhina, die Einwohnung Gottes, ist im rabbinischen Sprachgebrauch die Manifestationsherrlichkeit Gottes, wird aber in der kabbalistischen Mystik als weibliches Prinzip der Gottheit interpretiert, entsprechend der Sophia, der Weisheit Gottes.

Die Erotik der Kabbala sieht im ständigen Prozeß der Erneuerung der Welt die Paarung Gottes mit der Schekhina.

Von hier zur Überschattung Mariens von der Kraft des Höchsten (Lk 1,35) ist nur ein Schritt.

Allerdings muß man einschränkend bemerken, daß kabbalistische Interpretationen für das normative Judentum nie verbindlich wurden.

„*Und mit Zeichen*", diese Zeichen werden auf dem Stab des Mose gedeutet, Ex 4,17: „Und diesen Stab nimm in deine Hand, mit dem du die Zeichen tun sollst".

Wenn es auch für den modernen Bibelleser peinlich ist, so bleibt es doch offenbar, daß es sich hier um einen Zauberstab handelt.

Martin Buber und andere neuere Exegeten im Judentum, wie Elias Auerbach, haben in ihren Büchern über Mose die magische Seite dieser Persönlichkeit geflissentlich übersehen; nur Oskar Goldberg hat in seinem Buch „Die Wirklichkeit der Hebräer" (Berlin 1925) Mose auch und nicht zuletzt als Magier dargestellt. Es ist keine Frage, daß Bibel und Tradition diese magische Seite des Gesetzgebers und Volksführers erkannt und betont haben. Bedenkt man den ägyptischen Wurzelgrund der Persönlichkeit des Mose, den Sigmund Freud bewußt artikulierte, so wird auch Mose der Magier verständlich.

Rabbi Jehuda, der Redaktor der Mischna, faßte die

Zehn Plagen in einem hier etwas später erwähnten Notarikon zusammen: „Dezach-Adasch-Beachav", was eine Zusammenfassung der Anfangsbuchstaben der Zehn Plagen im Sinne eines Zauberspruches darstellt, und er behauptet, in kühner Phantasie, daß diese Zeichen auf dem Stabe des Mose eingeritzt waren.

Hier haben wir Magie im reinsten Sinne.

„*Und Wunder*", diese werden auf das Blut gedeutet, in welches die Wasser des Nils verwandelt wurden. Ganz unbedenklich wird aber ‚als Beweis' ein Vers aus Joel 3,3 herangezogen: „Und ich will Wunderzeichen geben am Himmel und auf Erden: *Blut*, Feuer und Rauchdampf".

Nunmehr werden die Zehn Plagen in ihrer zahlenmäßigen Bedeutung analysiert, wobei fünf Termini der Befreiung jeweils in einer Doppelbedeutung aufgefaßt werden, sodaß sich Zehn Plagen ergeben.

Diese werden nun laut rezitiert: „Blut, Frösche, Läuse, Raubtiere, Pest, Aussatz, Hagel, Heuschrekken, Finsternis und schließlich das Schlagen der Erstgeburt".

Die Regie-Anweisung zu dieser Aufzählung der Zehn Plagen Ägyptens sieht vor, daß die Tischgenossen bei der Nennung jeder Plage einen Finger in den Kelch tauchen und je einen Tropfen Wein absprengen.

Auch dieser Brauch hat primär magische Bedeutung. Mit dieser Geste sollen die Flüche oder Plagen von uns selbst abgewendet werden. Es ist typisch für die antimagische, ethisierende Haltung des 19. Jahrhunderts, daß der Wortführer der Neo-Orthodoxie, Samson Raphael Hirsch (1808–1888), den Brauch dahin interpretiert, daß wir angesichts der Leiden auch des Feindes den Wein der Freude verringern sollen, im Sinne von „Freue dich nicht am Fall deines Feindes" (Prov 24,17).

Die letzte und furchtbarste der Zehn Plagen, das Schlagen der Erstgeburt Ägyptens, wird aus Ex 4,23 verständlich: „Ich gebiete dir, daß du meinen Sohn ziehen läßt, daß er mir diene. Wirst du dich weigern, so will ich deinen erstgeborenen Sohn töten."

Israel wird hier als der erstgeborene Sohn Gottes gesehen, und im Sinne des Talion-Rechtes droht Gott durch Mose dem Pharao, daß sein Erstgeborener, im wörtlichen Sinne, aber auch im Sinne des ganzen Volkes des Pharao, sterben muß, wenn Pharao Gottes Sohn (oder Söhne) nicht ziehen läßt.

In diesem Zusammenhang ist auch die neutestamentliche Tradition der nur spärlich bezeugten Flucht nach Ägypten zu verstehen, damit sich durch die Rückkehr Jesu (und seiner Eltern) aus Ägypten das Wort erfüllt: „Meinen Sohn habe ich aus Ägypten gerufen" (Hos 11,1).

Der Sohn ist in diesem Sinne primär das Volk Israel, das sowohl als Sohn Gottes wie als Knecht Gottes in der Bibel bezeichnet wird. Im NT wird das dann auf die Person Jesu appliziert. Im AT bleiben Bezeichnungen wie ‚Sohn' und ‚Knecht' Gottes metaphorisch, während im NT eine metabiologische Konzeption eingeführt wird, die dem hebräischen Denken nicht integriert werden konnte, wohl aber dem hellenistischen, dem der Begriff der Göttersöhne geläufig war.

Wir übergehen nun eine wenig geschmackvolle Partie in unserem Text, die die Auffassung verschiedener Tannaiten wiedergibt, die durch kühne exegetische

Methoden zu ermitteln versuchen, daß die Zehn Plagen
in Wirklichkeit mehr als *zehn* Plagen waren. Der Maxi-
malist unter diesen Rechenkünstlern ist Rabbi Akiba,
der beweisen will, daß jeder der Schläge in Ägypten ein
fünffacher war, so daß die Ägypter mit fünfzig Plagen
heimgesucht wurden, beim Untergang im Schilfmeer
sogar mit 250 Schlägen.

Man muß diese Racherechnung aus dem Kontext der
Zeit verstehen. Die Ägypter stehen hier anstelle der
Römer, gegen die Bar-Kochba, mit uneingeschränkter
Unterstützung des Rabbi Akiba, seinen anfangs sie-
greichen, später verhängnisvollen Aufstand wagte.

Erzählung und Racherechnung werden wieder von
Hymnus und Lobgesang abgelöst: „Wie viele Güte-
Erhöhungen hat uns der Ort (Gott) erwiesen".

Auf diese rhetorische Frage folgt eine Art Litanei mit
dem Refrain: „Dajenu", es wäre uns genug gewesen.

Diese Litanei ist an sich nicht logisch zu verstehen,
sondern will durch immer weitere Steigerungen die
Wohltaten und Gnadenerweise Gottes verkünden:
„Hätte Er uns nur aus Ägypten geführt ohne die Straf-
gerichte; es wäre uns genug gewesen. Hätte er die
Strafgerichte an ihnen geübt und nicht auch an ihren
Göttern; es wäre uns genug gewesen."

Dieser Lobpreis bezieht sich auf die Stelle: „Und auch
an ihren Göttern werde ich Strafgericht üben" (Ex
12,12). Texte dieser Art, in welchen die Götter Ägyptens offenbar als Realität verstanden werden, so auch im
Siegeslied am Schilfmeer: „Wer ist dir gleich unter den
Göttern, Herr?" (Ex 15,11), stammen aus einer mono-
latristischen Vorstufe des Monotheismus.

Unter Monolatrie versteht man die Herrschaft eines

obersten Gottes (El Eljon), eine Bezeichnung, die wir im Zusammenhang mit dem Priestertum des Melchisedek (Gen 14,18) finden.

Die Monolatrie habe ich als Vorstufe des Monotheismus bezeichnet. Die Glaubensstufen der biblischen Religion zeigen deutlich, daß die Götter erst allmählich ihren Realitätswert verlieren und zu schattenhafter Bedeutungslosigkeit herabsinken. Sie sind aber nie gänzlich verschwunden, sondern haben sich als Dämonen in Volksglauben und Mystik erhalten. Aus Göttern werden Dämonen, aus dem obersten Gott der Alleinige.

Der Lobgesang meint nun, daß es genug gewesen wäre, wenn an den Göttern Ägyptens die Strafgerichte sich vollzogen hätten ohne das Schlagen der Erstgeburt, daß es auch damit genug gewesen wäre ohne die Schätze Ägyptens, die Israel auf seine Wanderung mitnehmen konnte.

Ganz unlogisch ist es, daß es mit dieser ‚Wiedergutmachung‘ genug gewesen wäre, ohne die Spaltung des Schilfmeers.

Exodus und Entlohnung hätten ja gar keinen Wert gehabt ohne das Wunder am Schilfmeer, das die Errettung von der militärischen Übermacht Ägyptens darstellt.

Wenn der Sänger dann fortfährt, daß die Spaltung des Schilfmeers genügt hätte ohne unseren Durchzug durch dasselbe, so ist das völlig sinnlos. Die Spaltung des Meeres als pures Naturwunder hätte keine heilsgeschichtliche Bedeutung.

Ich halte es nicht für sinnvoll, Wunder wie die Spaltung des Schilfmeers rationalistisch zu erklären, wie dies neuerdings der Professor für Physik an der Technischen Universität Berlin Werner Schaaffs in seinem Buch „Theologie und Physik vor dem Wunder" (Wuppertal 1973) versucht hat: „Ein anderer Fall ist der Durchzug der Israeliten durch das Schilfmeer. Folgende Faktoren spielen eine Rolle: die Windrichtung, die Windstärke, bestimmte Ebbe-Flut-Bedingungen, der Meeresuntergrund bzw. die Meerestiefe und eine feurige Wolkensäule. Dahinter steht ein ungewöhnliches meteorologisches Geschehen. Die genannten Faktoren, die selbst wieder kompliziert zusammengesetzt sind, sind wie überall auch in jener Landschaft ständig am Werke, mit Ausnahme des letzten, schwer deutbaren Faktors. Aber diesmal greifen alle Faktoren mit ungewöhnlichen Stärken so ineinander, daß die unterseeische Landbrücke für eine Nacht freigelegt wird und den Durchzug der Israeliten ermöglicht. Für das Volk Israel war dieses Geschehen ein positives Wunder, für die Ägypter ein negatives, d. h. eine Katastrophe. Die Wetterkunde lehrt uns, daß viele Faktoren zusammentreffen müssen, um eine nicht alltägliche Katastrophe herbeizuführen. Davon lesen wir dann in den Zeitungen."

Deutungen dieser Art scheinen mir ebenso gezwungen wie die des rationalistischen Scholastikers Maimonides, der meinte, daß die Wunder im Sinne der Durchbrechung der Naturordnung nur scheinbar sind. In Wahrheit habe Gott schon bei der Schöpfung gewissermaßen eingeplant, daß sich das Schilfmeer an einem bestimmten Tag, zu vorbestimmter Stunde, teile. Das Wunder besteht dann nur darin, daß eben zu jener gleichsam vorprogrammierten Stunde das flüchtende Israel das Meer durchzog und der nachjagende Troß des Pharao versinken mußte.

Für unsere heutige Betrachtung scheint mir eine klare Teilung von Naturwissenschaft und Theologie unabdingbar. Die Bibel ist kein Lehrbuch der Physik, sondern will uns narrativ Gottes Wirken in Natur und Geschichte demonstrieren.

Sehr überzeugend erscheint mir die Bemerkung eines brasilianischen Jesuiten P. Oscar Nedel S. J., der Biologie an der Universität von Sao Leopoldo (Südbrasilien) lehrt. Er sagte mir, daß er durch Theologie und Biologie die Welt wie in einem Stereoskop von zwei Seiten her sehen kann, und dies ergäbe sein plastisches Bild.

Wir können die biblischen Wunder als solche ohne rationalistische Deutung im Glauben erfassen oder aber, wozu ich neige, hier von Geschichtssage sprechen, wobei die Wunder mehr den Charakter von Gleichnissen annehmen.

Wesentlich scheint mir aber bei dem Wunder am Schilfmeer, das die Errettung Israels und die Vernichtung der ägyptischen Heeresmacht darstellt, die talmudische Legende, die davon spricht, daß die Engel im Himmel angesichts dieses Wunders den Lobgesang anstimmten. Gott der Herr verweist es ihnen aber streng: „Meine Geschöpfe versinken im Meer und ihr wollt jubeln?"

Israel, den Geretteten, ist der Lobgesang gestattet, nicht aber den himmlischen Heerscharen, die keiner Gefahr ausgesetzt waren.

Der Hymnus „Dajenu" schließt mit dem Dank für die Versorgung Israels während der Wüstenwanderung mit dem Manna, mit der Stiftung des Sabbath, die merkwürdigerweise vor der Offenbarung am Sinai genannt wird. Endlich gedenkt der Hymnus der Landnahme und der Errichtung des Tempels, dessen Funktion hier als Sühnestätte unserer Sünden gesehen wird.

Mit keinem Wort wird dann aber der Zerstörung dieses Tempels gedacht, die im Geiste des Hymnus, nicht aber im Geiste der Gesamttradition des Judentums, als Verlust der Sühnemöglichkeit gedeutet werden könnte.

Im Zusammenhang mit den Zehn Plagen stellt sich das Problem der moralischen Verantwortung des Pharao angesichts der mehrfachen Betonung, daß Gott das Herz des Pharao verstockt habe. (Eine ähnliche Vorstellung finden wir bei dem Gericht über Gog [Hes 38–39].)

Wenn Gott das Herz des Pharao verstockt, um so seine Macht an ihm zu erweisen, müßte Pharao von der Verantwortung für sein Verhalten, im Sinne der Prädestination, frei gesprochen werden.

Der Talmud antwortet darauf mit der paradoxen Aussage: „Der Mensch wird des Weges geführt, den er wählt" (Makkoth 10 b).

Der Mensch kann die Richtung zum Guten oder zum Bösen einschlagen und wird dann auf dem selbst gewählten Wege zum Heil oder zum Verderb von der göttlichen Führung geleitet.

Es ist dies derselbe Gedanke, der sich im Schlußteil von Goethes „Faust" findet:

Wer immer strebend sich bemüht,
Den können wir erlösen.
Und hat an ihm die Liebe gar
Von oben teilgenommen,
Begegnet ihm die selige Schar
Mit herzlichem Willkommen.

5. Die Elemente des Festes

Nach Beendigung des Lobgesanges „Dajenu" fährt der Text der Haggada unvermittelt fort mit einem Zitat aus dem Traktat Pessachim über die Elemente des Festes: „Rabban Gamliel pflegte zu sagen: ‚Jeder der nicht drei Dinge am Passah-Fest benennt (erklärt), hat seinen Pflichten nicht genügt. Und das sind sie: Pessach, Mazza und Bitterkraut'."

Der Sprecher dieser Verordnung, Rabban Gamliel, ist uns unter dem Namen Gamaliel als der Lehrer des Paulus bekannt. Der Apostel betont (Apg 22,3), daß er zu Füßen des Gamaliel die Thora studiert habe. Vermutlich ist Gamaliel auch mit dem Pharisäer Gamaliel identisch, von dem berichtet wird (Apg 5,34–39), daß er im Synhedrion für die Freilassung der verhafteten Apostel eingetreten ist. In dieser Rede vor dem Hohen Rat betont Gamaliel, daß vor Jesus von Nazareth schon andere aufgetreten seien, die vorgaben Messiasse zu sein. Es wird hier ein Judas der Galiläer und ein Theudas aus Rom angegeben, was historisch allerdings nicht haltbar ist. Von diesen Pseudomessiassen und ihrem Anhang ist nichts geblieben, und so würde es auch mit Jesus und seinem Anhang gehen, „wenn es aber von Gott ist, werdet ihr's nicht dämpfen können".

Dieser im jüdischen Schrifttum nicht belegte Richterspruch des Gamaliel hat zu seiner Aufnahme in die Gruppe der Heiligen die Kirche geführt.

Nach der talmudischen Überlieferung (b Sabb 15 a) war Gamaliel – Gamliel in der letzten Epoche vor der Zerstörung des Zweiten Tempels Präsident (Nassi) des Synhedrions. Er stammte aus der Dynastie Hillels, war entweder dessen Sohn oder Enkel. Seine milden Entscheidungen atmen den Geist der Schule Hillels. Allerdings nahm er in der Frage der Verbreitung der hebräischen Bibel unter den Heiden eine radikal ablehnende Stellung ein und ließ daher eine (griechische?) Übersetzung des Buches Hiob auf dem Tempelberge vergraben.

In den Sprüchen der Väter (Aboth I, 16) wird im Namen Gamaliels ein Spruch überliefert, der es jedem nahelegt, sich einen Lehrer zu wählen, um nicht in Zweifel zu geraten.

Auch Sendschreiben an Gemeinden in Galiläa sind von ihm überliefert. Die Verbindung mit Galiläa mag auch zu einem gewissen Verständnis gegenüber der jungen jesuanischen Gemeinde geführt haben.

Der Tod Gamaliels wurde als der tragische Abschluß einer Epoche der Gottesfurcht interpretiert (Sota IX, 15).

Die in unserem Text angeführte Verordnung stellt eigentlich eine Selbstverständlichkeit dar, denn die Elemente des Festes, das Passah-Opfer, das ungesäuerte Brot und die bitteren Kräuter werden ja namentlich aufgeführt (Ex 12,8). Ihre besondere Betonung kann nur auf dem Hintergrund der nichtbiblischen Erweiterung, vor allem durch den Wein, verständlich werden. Offenbar wollte Gamaliel hier doch eine Abgrenzung schaffen und die biblisch verordneten Elemente, die gleichsam sakramentalen Charakter tragen, von späteren Zusätzen sondern. Nur wer die drei biblischen Elemente des Festes nicht entsprechend gewürdigt hat, genügt nicht seiner Pflicht; dies kann aber nicht auf die späteren Zusätze erweitert werden.

Bei der Erwähnung des Pessach, gemeint ist das Passah-Opfer, betont nun unser (späterer) Text, daß es sich um das Opfer handelt, das unsere Väter aßen in der Zeit, in welcher der Tempel noch stand.

Es ist, wie wir bereits darlegten, nicht ganz logisch, daß das Passah-Opfer mit dem Fall des Tempels abgeschaft wurde, da es ja nicht am Altar dargebracht, sondern im *häuslichen* Kultmahl verzehrt wurde.

All dies wäre auch nach der Zerstörung des Tempels noch realisierbar geblieben. Erst eine relativ späte Verordnung (im Zuge der Josianischen Kultreform) führte dazu, daß die Passah-Lämmer von Priestern im Vorhof des Tempels geschlachtet wurden. Von der Quelle her, dem Exodus-Text, war das nicht nötig, vielmehr war hier ein Hausopfer gedacht in Form eines Kult-Mahles im Kreise der Familie.

Die Vermutung liegt allerdings nahe, daß der Opferdienst als solcher als eine überwundene Stufe des Kultes empfunden wurde, wenn dies auch nie expressis verbis verlautbart wurde.

Es mag sich aber auch um einen Teil jenes „Zaunes um die Thora" handeln, von dem die Einleitungsworte der „Sprüche der Väter" reden. Hätte man das Hausopfer des Passah gestattet, so wäre die Gefahr einer Erweiterung gegeben. Der Am Ha-Arez, der Unwissende, hätte daraus den falschen Schluß ziehen können, auch andere Opfer an ungeweihter Stelle darzubringen.

Wir haben Beispiele für solche Erweiterungen zur Vermeidung von Mißverständnissen. So bezieht sich etwa das dreimalige Verbot: „Du sollst das Böcklein nicht in der Milch seiner Mutter kochen" (Ex 23,19 u. 34,26; Deut 14,21) nach der rabbinischen Interpretation auf die Trennung von Fleisch- und Milchspeisen. Unter Fleisch ist hier naturgemäß nur das Fleisch von Säugetieren gemeint. Das führte, nicht unlogisch, dazu, daß die Galiläer Geflügel mit Milch genossen, da es sich hier ja nicht um die Milch eines Muttertieres handeln kann.

Die Rabbinen verboten aber den Genuß von Geflügel mit Milch – und dieses Verbot gilt praktisch bis heute. Der Grund ist nur die Rücksichtnahme auf das mögliche Mißverständnis des Unwissenden, der den falschen Schluß ziehen könnte: wenn ich Geflügel mit Milch genießen darf, dann auch Fleisch mit Milch.

Allerdings erstreckten die Rabbinen das Verbot nicht auf Fische, da diese als Kaltblütler eine Kategorie für sich darstellen.

Die Bedeutung des Pessach-Opfers weist auf die Errettung in der Würgenacht Ägyptens hin, in welcher die Häuser der Kinder Israel überschritten wurden (passach), während die Erstgeburt Ägyptens geschlagen wurde (Ex 12,27).

Hat man bei Erwähnung des Passah-Opfers den Knochen auf der Sederplatte vorgewiesen, so wird nun die Mazza vorgezeigt und dazu erklärt, daß bei dem eiligen Exodus aus Ägypten keine Zeit mehr war, um den Teig säuern und aufgehen zu lassen. Als Belegstelle wird Ex 12,39 angeführt, die sagt, daß Gott uns so eilig aus Ägypten geführt habe, um uns in das Land der Verheißung zu bringen, daß der Brotteig nicht mehr säuern konnte.

Wir haben es bei der Mazza, dem ungesäuerten Brot, mit einem Kultbrot aus Junggetreide zu tun, bei welchem der alte Sauerteig des Vorjahres keine Verwendung findet (Lev 23,14). Es handelt sich um die älteste Form des Brotopfers, aus einer Zeit stammend, die den Sauerteig noch nicht kannte. Transzendierende Interpretationen, die den Sauerteig mit der Bitternis der Seele oder gar der Sünde vergleichen (1Kor 5,7–8), gehören einer viel späteren Vorstellungswelt an.

Einen Hinweis auf den prinzipiellen Kult-Charakter der Mazza gibt Goldberg an: „Bei allen Opfern ist Salz hinzuzufügen, weil es physiologisch ein die Lebensfähigkeit anregender, namentlich blutbildender Faktor ist, während die lebenszerstörende *Säure* wegzubleiben hat, weshalb bei Mehlspeiseopfern stets nur „ungesäuerte Brote" (Mazzot) verwandt werden dürfen. ... Wie dargelegt, ist die Verwendung von „Säure" innerhalb des Opferbetriebs verboten. (Wo einmal „Sauerteig" gebracht werden soll, da kommt er nicht auf den Misbeach (Altar = Schlachtstatt), sondern wird durch entsprechende Tieropfer ersetzt.) Es dürfen daher auf dem Misbeach lediglich „ungesäuerte Brote", Mazzot, Verwendung finden. Nun ist aber der Genuß von Mazzot – wenn auch nicht für das ganze Jahr, so doch für eine Woche desselben – allgemein angeordnet, nämlich für das Pessach-Fest. Es ist daher der Überlieferung recht zu geben, welche – unter Hinweis darauf, daß die Vermeidung von „Sauerteig" und der Genuß von „Mazzot" bereits in alter Zeit (vgl. Lot) offenbar eine ständige rituelle Institution war – die Anordnung des siebentägigen Mazzot-Essens für eine bloße „Anlehnung" (Asmachta) an den Auszug aus Ägypten hält: das Mazzot-Gesetz wäre auf jeden Fall gegeben worden, weil es ein den Speisegesetzen zugehöriges ist und den Zusammenhang zwischen Opfern und Essen erweist. Diese Auffassung wird um so mehr dadurch bekräftigt, als weiterhin gezeigt werden wird, daß der Begriff des „Erinnerungsfestes" oder der „Erinnerungshandlung" dem Pentateuch völlig fremd ist." (a. O. [s. o. S. 79] S. 161 u. 170) Diese letztere Meinung Goldbergs teile ich nicht.

Raschi erklärt unsere Stelle (Ex 12,39) in einer erbaulichen Weise: „Teig, der nicht gesäuert hat, wird Mazza genannt. ‚Auch hatten sie keine Wegzehrung vorbereitet‘; das verkündet das Lob Israels. Sie sagten nicht: Wie könnten wir ohne Wegzehrung in die Wüste ziehen? Sondern sie vertrauten und gingen (Mechiltha). Wie Jeremia sagt: ‚Ich gedenke der Holdheit deiner Jugend und der Liebe deiner Brautzeit, da du mir folgtest in die Wüste, ins unbesäte Land.‘ Welcher Lohn aber wird verheißen? ‚Heilig ist Israel dem Herrn‘." (Jer 2,2–3).

Das dritte Element ist das Bitterkraut, das nun ebenfalls den Tischgenossen vorgezeigt wird. Es ist (Ex 12,8) geboten und weist auf die Verbitterung des Lebens der Sklaven durch die Fronarbeit hin, im Sinne von Ex 1,14.

Nun aber kommen wir zum eigentlichen Leitwort unserer Erzählung: „In jeder Generation betrachte sich der Mensch, als sei er selbst aus Ägypten ausgezogen." Dieses Gebot der Identifizierung aller Generationen Israels mit der Generation des Exodus wird wiederum mit Ex 13,8 begründet, dem Gebot, dem Sohn zu erzählen, was mir selbst bei meinen Auszug aus Ägypten widerfahren ist.

Ausdrücklich wird nun betont, daß nicht unsere Väter allein erlöst wurden, sondern auch wir selbst im Sinne von Deut 6,23: „*Uns* hat Er von dort herausgeführt, um *uns* in das Land zu bringen, das Er unseren Vätern verheißen hat."

Das Gleichzeitigwerden der Generationen ist ein Grundelement der Heilsgeschichte. Während in der Geschichte die Abfolge der Generationen ihr Gefälle bestimmt, wird dies in der Heilsgeschichte im Lichte der Ewigkeit aufgehoben, wird sie doch immer, in jeder Generation, von den Polen Offenbarung und Erlösung gekennzeichnet, die zwar historisch fixierbar, aber gleichzeitig transparent sind.

Ohne diesen Akt der Identifikation, dieses Gleichzeitigwerden, würden Fest und Brauch (in Judentum und Christentum) ihre Relevanz verlieren.

Wäre es sinnvoll, ein historisches Ereignis, das sich vor etwa 3500 Jahren zugetragen hat, den Exodus aus Ägypten, Jahr um Jahr, ja sogar Woche um Woche, an jedem Sabbat ins Gedächtnis zu rufen, wenn es sich nur um ein geschichtliches Faktum im Sinne eines einmaligen Geschehens handeln würde? Dieser Auszug eines Sklavenhaufens aus einer ägyptischen Provinz, der nur biblisch bezeugt ist und keinerlei ägyptische Paralleltexte aufzuweisen hat, wäre so gesehen episodär, wenn nicht der *Modellcharakter* im mehrfacher Weise erlebt würde.

Die Befreiung durch den Führergott wird zum Topos für die biblische Historiosophie. Das zeigt sich etwa beim Propheten Amos, der ausdrücklich betont: „Habe ich nicht Israel aus Ägypten, die Philister aus Kaphthor und die Aramäer aus Kir geführt?" (Am 9,7).

Dieser führende Gott wird von Buber auch „der Gott der Leidenden" genannt, denn es sind die Bedrückten, die Erniedrigten und Beleidigten, derer sich Gott in seinem Mit-Leiden erbarmt und die er aus der Drangsal in die Freiheit führt.

Da in jeder Generation Situationen dieser Art in Israel und bei den Völkern erlebt wurden und erlebt werden, verliert der Exodus seinen einmaligen, gleichsam episodären Charakter und wird zum Leitbild durch die Zeiten.

Israel hat es immer wieder erlebt, aber auch die Völker. In unserer Generation ist dieses Gleichzeitig-Werden mit der historischen Situation in besonders sinnfälliger Weise vorgegeben. Eine Generation, die den Holocaust erlebt und überlebt hat und die Gründung des Staates Israel bezeugen durfte, ist wiederum aus dem Hause der Knechtschaft in das Land der Verheißung eingezogen in einer Unmittelbarkeit, die anderen Generationen Israels nicht gegeben war. Es kann dem Juden von heute nicht schwer fallen, von seinem Auszug aus Ägypten zu sprechen, wenn ihn ein bewahrendes Schicksal aus dem Hause der Knechtschaft des Dritten Reiches in Deutschland und weiten Teilen

Europas in jenes Land brachte, das mit der biblischen Verheißung gemeint ist.

Wir sehen an diesem Beispiel unserer eigenen Biographie die schicksalsmäßige Gleichzeitig-Werdung mit Elementen der hebräischen Urgeschichte.

Aber auch andere Völker erkannten sich wieder im Spiegel der Heilsgeschichte Israels, insbesondere im Exodus. Man denke nur an die Negersklaven in Amerika, die in ihrem berühmten Spiritual „Let my people go" sich vollkommen mit den hebräischen Sklaven in Ägypten identifizierten, in ihren Zwingherren, vor allem in den Südstaaten, die Wiedergeburt des Pharao sahen und mit den Worten Moses ihre Befreiung vom Sklavenjoch forderten.

Es gehört zum Spezifikum der Heilsgeschichte, daß sie im Gegensatz zur Geschichte durch ihren Modellcharakter Ewigkeit erlangt.

Dieser Modellcharakter ist auch auf die Erwählung Israels anzuwenden. Es stellt den Modellfall für das Handeln Gottes mit den Menschen dar.

Wäre dies nicht der Fall, so hätte die hebräische Bibel für Millionen Christen keine Relevanz. Nur indem sich die Völker einerseits und die Ecclesia, die Gemeinschaft der Herausgerufenen aus allen Völkern, andererseits mit Israel identifizieren, wird die Geschichte Israels auch für sie zum Leitfaden.

So weit ist diese Identifizierung legitim. Wo sie aber auf Kosten Israels geht, wird sie usurpatorisch. Jede Substitutionstheologie ist als illegitim abzulehnen. Wenn sich die Christenheit als Erbe Israels empfindet, begeht sie einen Akt des geistlichen Genocid, der sich im Holocaust konkretisiert hat.

Beerbt wird nur ein Toter – und so hat die Kirche Israel immer und immer wieder für geistlich tot erklärt. In einem mittelalterlichen Altarbild kommt das besonders klar zum Ausdruck. Da wird die Synagoge, wie üblich als verschleierte Frauengestalt dargestellt, in einem Sarg, versehen mit den Bundestafeln, zur Grabesruhe gebettet, während Apostel und Heilige die Leiche umstehen.

Die illegitime Identifizierung geht so weit, daß das Urbild ausgelöscht werden mußte.

Dem gegenüber steht die Auffassung des Apostels Paulus, der die in den Neuen Bund aufgenommenen Heiden als Miterben und Hausgenossen Israels (Eph 3,6) bezeichnet.

Miterben und Hausgenossen sicherlich, aber nicht Erben.

Das Gleichzeitig-Werden hat das Christentum vom Judentum übernommen, wobei der Pharisäer Saulus aus Tarsus, den die Welt als den Apostel Paulus kennt, zu ihrem Lehrmeister geworden ist. Er spricht ausdrücklich davon, mit Christus gekreuzigt, gestorben und auch wieder auferstanden zu sein, also mit ihm gleichzeitig zu werden – und dies bleibt die Lebensform des Christen.

Auch das Sakrament der Taufe meint ursprünglich ein Gleichzeitig-Werden. Der Täufling wird im Akte des Untertauchens mit Christus begraben, und sein Auftauchen aus der Flut ist der Nachvollzug der Auferstehung Christi. So wird der Neophyt mit dem Meister gleichzeitig, er wird wiedergeboren, durch Wasser und Geist, um in eine Identifikations-Existenz der Gleichzeitigkeit einzugehen.

Auch die Einsetzungsworte des Abendmahls zielen auf solches Gleichzeitig-Werden hin. In der Eucharistie feiern die Christen (mit Ausnahme der Reformierten, insbesondere der Zwinglianer, die nur ein Erinnerungsmahl gelten lassen) das Gleichzeitig-Werden mit dem in Realpräsenz gedachten Christus.

Es muß den Christen einsichtig gemacht werden, daß der fundamentale sakramentale Akt des Gleichzeitig-Werdens durch die Elemente der Eucharistie Erbe des Judentums ist. (Natürlich ist dieser Erb-Zusammenhang auch den Juden nicht präsent, und auch sie sollten sich dieser Erlebnisverwandtschaft bewußt werden, um so eine gewisse Gleichförmigkeit der Infrastruktur der zwei Glaubensweisen, Judentum und Christentum, zu erkennen.)

Nachdem die Tischgenossenschaft ihr Gleichzeitig-Werden mit der Generation des Exodus liturgisch bekannt hat, wird das Brot des Elends wieder verhüllt, der Kelch erhoben und eine Dankformel als Präludium zu den Hallel-Psalmen (Ps 113–118) rezitiert: „Darum sind wir verpflichtet, zu danken und zu preisen (lehallel), zu rühmen, zu verherrlichen, zu erheben, zu huldigen, zu segnen und im Aufstieg zu preisen, den der unsere Väter *und uns* all dieser Wunder gewürdigt hat." Das Gleichzeitig-Werden wird mit dem Passus „*und uns*" ausdrücklich betont. Der Schlußteil dieser Preisung ist ganz auf das Gleichzeitig-Werden abgestimmt: „Er hat *uns* von der Knechtschaft zur Freiheit, von der Trübsal zur Freude, von der Trauer zum Festtag, von der Finsternis zum großen Licht, von der Knechtschaft zur Erlösung geführt; deshalb sprechet vor Ihm ein neues Lied, Halleluja."

Es folgt nun, vor dem Mahle, nur Psalm 113, der erste der Hallel-Psalmen, und Psalm 114, der ausdrücklich den Auszug aus Ägypten zum Ausgangspunkt nimmt und so gesehen der eigentliche Passah-Psalm ist. Ich lasse ihn hier in der Fassung von Romano Guardini folgen (Deutscher Psalter. München ^{5}1966. S. 196), wobei der Psalm nach der katholischen Zählung der Vulgata als Ps 113 erscheint und auch Ps 115 der masoretischen Zählung mit umfaßt.

> Als Israel aus Ägypten zog,
> Jakobs Stamm aus dem fremden Volk,
>
> Ward Juda zu Gottes Heiligtum,
> zu seinem Reiche ward Israel.
>
> Das Meer sah es und floh,
> der Jordan wandte den Lauf zurück.
>
> Die Berge sprangen, den Widdern gleich,
> den Lämmern gleich die Hügel.
>
> Was ist dir, Meer, daß du fliehst?
> dir, Jordan, daß du wendet den Lauf
> zurück?
>
> Ihr Berge, daß ihr springet, den Widdern
> gleich,
> den Lämmern gleich, ihr Hügel?
>
> Erbebe, Erde, vor dem Antlitz des Herrn,
> vor dem Antlitz von Jakobs Gott,
>
> der den Felsen verwandelt in Wasserflut,
> in strömende Quellen den Stein.
>
> . . . .

Nach diesen acht Einleitungsversen, welche die Stationen des Exodus dichterisch verklären, betont der Psalmist, daß nicht uns die Ehre zu geben sei, den Befreiten, sondern Gott allein, dem Befreier.

Wenn die Völker das leidende Israel sehen und fragen: Wo ist ihr Gott?, verweist die Gemeinde auf ihren Gott im Himmel, der allmächtig ist.

Es folgt die Abqualifizierung der Götzen, die unfähig sind, zu tasten, zu gehen, zu sprechen. Diesen toten Klötzen sollen auch ihre Anbeter gleichen.

Israel aber vertraut auf den Herrn, das Haus Aarons (die Priesterkaste) vertraut auf den Herrn und schließlich die Gottesfürchtigen. Darunter sind jene Randproselyten zu verstehen, die sich der Gemeinde Israels anschlossen, ohne das „Joch des Gesetzes" auf sich zu nehmen. Schon beim Auszug aus Ägypten ist von den Mitläufern die Rede, einem Völkergemisch, das sich dem Hause Israel anschloß.

Mit der Siegesgewißheit eines neuen Lebens schließt der Psalm (115,17–18):

> Nicht Tote loben den Herrn,
> noch irgend einer, der zur Tiefe hinab-
> gestiegen.
>
> Wir aber preisen den Herrn
> jetzt und in Ewigkeit.

Nach Psalm 114 wird das Kultbrot wieder verhüllt und eine Art zweiter Kiddusch rezitiert, wobei der Kelchspruch lautet: „Gelobt seist du, Herr unser Gott, König der Welt, der *uns* und unsere Väter aus Ägypten erlöst hat und uns diese Nacht erreichen ließ, in welcher wir Mazza und Bitterkraut essen..." . Noch einmal das Gleichzeitig-Werden: die Tischgemeinschaft nennt sich sogar zuerst als die Erlösten aus der Knechtschaft und erwähnt erst im zweiten Teil des Satzes die Väter.

Nun aber klingt das Motiv des dritten Passah, des messianischen, an durch die Bitte um die Wiedererrichtung des Tempels, beziehungsweise der Heiligen Stadt.

Es wird für das heutige Empfinden schwer sein, diese Zukunftshoffnung damit zu verbinden, daß wir die alten Opfermahle wieder einnehmen wollen und das Blut (der Lämmer) am Altar zu Gottes Wohlgefallen vergossen werde.

Revidierte Ausgaben der Haggada aus den Kreisen der Reformgemeinden lassen diese Formel weg, nicht aber den Dank „mit neuem Lied der Erlösten", wobei die Erlösung als „Befreiung unserer Seelen" gekennzeichnet wird, also bereits eine Transzendierung stattfindet, die im Christentum *so* vorrangig wurde, daß Erlösung nur noch als Erlösung der Seele von der Sünde gesehen wird, während im Judentum doch die *nationale* Befreiung das Primäre bildet.

Zwei Benediktionen schließen diesen Teil der Hausliturgie, der Dank für die Erlösung Israels und schließlich der Segensspruch über den Wein als Gabe Gottes.

Auf die linke Seite gelehnt, ganz nach griechischem Vorbild, wird nun der Kelch geleert.

Es folgt die Handwaschung, jetzt nicht nur für den Liturgen, sondern für die ganze Tischgesellschaft, wobei diese Handlung als eine von Gott gebotene Pflicht gekennzeichnet wird.

In der Tat handelt es sich bei dieser Waschung vor
dem Mahl nur um eine rabbinische Verordnung, die
aber mit der durch Besprengung mit reinem Wasser
gedachten Reinigung (Hes 36,25) in Verbindung gebracht wird.

Wir wiesen schon darauf hin, daß pharisäische Kriti-
ker beanstandeten, daß die Jünger Jesu, nicht er selbst,
solche Hand-Waschung vor dem Mahle zuweilen un-
terließen.

Es folgt der Segensspruch über das Brot und die
spätere Formel über das Gebot, die Mazza, das *ungesäuerte* Brot, zu genießen. Ergänzt wird der Genuß der
Mazza nun durch das ebenfalls mit einer Benediktion
gekennzeichnete Bitterkraut, das durch den eingangs
erwähnten Fruchtbrei „Charosseth" versüßt wird.
(Die Versüßung erfährt keinen Segensspruch, da es
sich hier nicht um ein Primär-Element der liturgischen
Feier handelt.)

Den Abschluß der Symbolgerichte bildet der sogenannte Korech-Brauch, der auf Hillel zurückgeführt
wird. Um wörtlich zu erfüllen, was Ex 12,8 vorgeschrieben ist, die drei Elemente des Festes, das Passah-
Opfer, das ungesäuerte Brot und die bitteren Kräuter,
zu genießen, wird zwischen zwei Stücke Mazza das
Bitterkraut gelegt (das nicht mehr praktizierte Passah-
Opfer-Fleisch bleibt nur gedacht), und so werden die
Festsymbole *gemeinsam* verzehrt.

Der Initiator dieses Brauches, Hillel der Ältere, galt
als einer der größten rabbinischen Autoritäten aus der
Zeit vor der Zerstörung des Zweiten Tempels. Er war
also ein Zeitgenosse Jesu. In seiner Eigenschaft als
Präsident (Nassi) des Synhedrions zeichnete er sich

durch seine besondere Güte und Milde aus. Er gilt als der Autor der goldenen Regel: „Was dir verhaßt ist, tue deinem Nächsten nicht an" (b Sabb 31 a), die negative Fassung des Wortes Jesu: „So tuet denn den Leuten, was ihr wollet, daß die Leute euch tun" (Mt 7,12; Lk 6,31).

Unser Text erwähnt ausdrücklich: „Zum Gedächtnis des Heiligtums, gemäß Hillel."

Wir sehen auch hier, daß ein namentliches Gedächtnis, wie es in den Einsetzungsworten des Abendmahls zum Ausdruck kommt, dem allgemeinen Gedenken an den Auszug aus Ägypten angefügt wird.

Ich halte es nicht für ausgeschlossen, daß die namentliche Erwähnung Hillels eine Art Polemik gegen die Einsetzungsworte des Abendmahls darstellt. Nicht des Jesus von Nazareth, sondern seines großen Zeitgenossen Hilles soll namentlich gedacht werden.

Nunmehr beginnt das Festmahl, mit welchem der erste Teil der Hausliturgie, der narrativ geprägt war, seinen Abschluß findet.

Das Festmahl als solches unterliegt keinen liturgischen Vorschriften, muß natürlich streng nach den für das Passah-Fest geltenden Bestimmungen zubereitet werden. Unabhängig von den vier vorgeschriebenen liturgischen Kelchen kann nun dem Wein zugesprochen werden. Ursprünglich mußte dieses Mahl in der Form des hellenistischen Symposions auf Polster hingestreckt eingenommen werden. Diese bereits erwähnte hellenistische Form ist heute praktisch in Vergessenheit geraten, vor allem bei den europäischen Juden, die wiederum die Tischsitte ihrer Umwelt angenommen haben.

Der Kelch wird nicht wie beim Abendmahl (und beim Symposion) reihum gereicht, sondern jeder Tischgenosse hat sein eigenes Glas, wodurch freilich etwas vom Gemeinschaftscharakter verloren geht.

Das Mahl selbst steht unter der Devise Koheleth 9,7: „Geh und iß dein Brot in Freuden und trinke deinen Wein guten Herzens."

Der Abschluß des Mahles aber ist wieder durch eine kultische Vorschrift gekennzeichnet, den Aphikoman. Darunter versteht man die für den Nachtisch verwahrte (halbe) Mazza, von der jeder Tischgenosse ein Stück von mindestens der Größe einer Olive oder eines halben Eises genießen muß. Dieser Abschluß gilt als obligatorisch. Im sephardisch-orientalischen Ritus wird der Genuß des Aphikoman mit der Formel eingeleitet: „Zur Erinnerung an das Passah-Opfer, das zur Sättigung genossen wurde."

Die Bedeutung des Wortes Aphikoman ist umstritten. Es handelt sich um ein griechisches Lehnwort, das von komos abgeleitet wird und den fröhlichen Umzug nach dem Festmahl, epikomazo, meint. Es ist dabei ursprünglich wohl an den Reigen des Bacchanals mit Flötenklang und Tanz gedacht. Wenn solche Umzüge auch z. B. bei Hochzeiten statthaft waren, so sollte doch das Mahl der heiligen Nacht nicht in Ausgelassenheit enden. Daher die Vorschrift: Man beschließt das Passah-Mahl nicht mit einem Umzug: „Ejn maphtirin achar ha-pessach aphikoman", die wir als Antwort auf die Frage des Weisen schon kennen gelernt haben.

In späterer Bedeutung wird das dahin verstanden, daß nach dem Aphikoman nichts mehr genossen wird, während ursprünglich die Vermeidung des Bacchanals intendiert war.

Im Laufe der Entwicklung wurde Aphikoman nur noch die Bezeichnung für jenes aufbewahrte Stück des ungesäuerten Brotes, das als Substitut für das Passah-Opfer gilt.

Nach dem Ritus der Jemeniten soll das Wort Aphikoman als Akrostichon verstanden werden: Egosim (= Nüsse), Peroth (= Früchte), Jajin (= Wein), Kelajoth (= geröstete Getreidekörner), u-Bassar (= und Fleisch), Majim (= Wasser), Neradin (= Narden, parfümiert).

Diese Volks-Etymologie entbehrt natürlich jeder sachlichen Grundlage, da Aphikoman ein griechisches Lehnwort ist, wovon die jemenitischen Juden in Südarabien keine Ahnung hatten.

Es hat sich der Brauch entwickelt, daß der Aphikoman von den Kindern der Tischgesellschaft „gestohlen" und versteckt wird.

Der Hausvater verwahrt den für den Aphikoman bestimmten Teil der mittleren Mazza, in einer Serviette verhüllt, unter seinem Rückenpolster. Nun kommt es darauf an, daß diese verwahrte Mazza möglichst unbemerkt stibitzt wird, z. B. wenn der Hausvater sich zur Handwaschung erhebt. Bemerkt der Hausvater dann nach Ende des Mahles, daß ihm der Aphikoman fehlt, tritt er in einen scherzhaften Handel mit den Kindern ein und verspricht ein Geschenk für die Auslösung des Aphikoman. Dieser Volksbrauch wird damit erklärt, daß durch Scherze solcher Art kleine Kinder wach gehalten werden sollen.

Es ist naheliegend, diesen Brauch mit dem Suchen

der Ostereier zu vergleichen. In beiden Fällen wird
etwas Verstecktes gesucht, jeweils ein Frühlingssym-
bol. Dies mag ursprünglich damit zusammenhängen, daß die Blumen, noch unter der Erde versteckt,
im Frühling aufbrechen. Das Aufsuchen des Ver-
steckten ist ein Symbol für das Aufbrechen des Blü-
henden.

Die erwähnte Handwaschung, bei welcher dem
Liturgen die Hände gewaschen werden, bildet den
Ausgangspunkt für die Fußwaschung Jesu beim letz-
ten Abendmahl. Diese Handlung ist als eine Art De-
monstration zu verstehen: statt daß ihm die Hände
gewaschen werden, wäscht er den Jüngern die Füße.
Eine bewußte Umdrehung des Bekannten, wogegen
Petrus protestiert: „Nicht die Füße, sondern die
Hände" (und das Haupt) (Joh 13,9).

Das Mahl selbst wird mit dem üblichen Tischsegen beschlossen, dem im allgemeinen Psalm 126
vorangeht: „Wenn der Herr die Gefangenen Zions
erlöst, werden wir sein wie die Träumenden."

In vielen Haggada-Drucken ist dieser Psalm nicht
vermerkt, da es als selbstverständlich gilt, ihn zur
Einstimmung des Tischsegens zu singen.

Der Tischsegen selbst ist der übliche, natürlich mit
den Einschaltungen für das Passah-Fest.

Eine Analyse des Tischsegens findet sich in meinem Buch „Betendes Judentum" (Tübingen 1980.
S. 129 ff.).

Ferner verweise ich auf die Arbeit meines Schülers
Joachim Schroedel: „Der Mahlgottesdienst im jüdi-
schen Haus" (Johannes Gutenberg Universität
Mainz/Liturgiewissenschaftliches Seminar. Sommer-

semester 1978). Dort findet sich auch ein weiteres Literaturverzeichnis zum Thema „Birkat Ha-Mazon".

Mit dem Mahl ist der zweite Teil der Seder-Feier beendet, deren erster Teil primär narrativ geprägt war.

6. Der Becher des Zornes

Hat man das Seder-Mahl mit einem Kelch beendet, so wird nun der vierte Kelch nachgefüllt, der Becher des Zornes, über den eine Zusammenstellung von Flüchen aus den Psalmen und Klageliedern rezitiert wird, die unter den Anfangsworten „schephoch chamathcha" bekannt ist.

Bei Rezitation dieser Fluchformel wird die Türe geöffnet, um die Flüche hinauszulassen. Dieser magischen Auffassung stehen zwei weitere Motivierungen entgegen. Die eine wird mit der Ritualmord-Lüge (Alilath-Dam) in Verbindung gebracht. Im Mittelalter kam es nicht selten vor, daß man Juden in der Passah-Nacht die Leiche eines Kindes vor die Tür legte, um so den Volkszorn zu erwecken. Das Blutmärchen wollte den unwissenden Christen weis machen, daß die Juden das Blut von christlichen Kindern zum Backen ihrer Osterbrote, der ungesäuerten Mazzen, verwenden. Die Folge solcher Blutlügen waren allemal Pogrome.

Das Thema wurde von Heinrich Heine in seinem Novellen-Fragment „Der Rabbi von Bacharach" aufgegriffen und, in die Neuzeit verlegt, in dem Drama von Arnold Zweig „Ritualmord in Ungarn" (Die Sendung Semaels).

Eine dritte freundliche Deutung ist das Öffnen der Türe für den Propheten Elia, der als der Herold des Messias erwartet wird im Sinne von Mal 3,23. In neueren Haggadoth der Reformbewegung und der amerikanischen Reconstructionists wird an dieser Stelle das Elia-Lied eingeführt:

> Elia der Prophet
> Elia der Tisbite (aus dem Ort Tisbe)
> Bald komme er in unseren Tagen
> Mit dem Messias, dem Sohne Davids.

Der Becher des Elia steht, wie wir bereits darlegten, auf der Festtafel und löst somit den Becher des Zorns ab.

Die liturgische Formel ist eine Zusammenstellung der Verse Ps 79,6–7; 69,25; Klag 3,66, die in einigen Riten durch andere Verse erweitert wurden. Manche Erklärer bezogen die Versgruppe auf die Zerstörung des Tempels, andere wollten ausdrücklich die Bekenner des Einzigen Gottes, wie es unsere Zeitgenossen sind, davon ausschließen (E. D. Goldschmidt, Die Pessach-Haggada. Berlin 1937. S. 79).

Die Verse lauten:

> Schütte deinen Grimm auf die Stämme,
> die dich nicht kennen wollen,
> auf die Königreiche,
> die deinen Namen nicht anrufen.
> Denn sie fressen Jakob,
> seine Wohnungen veröden sie.

> Deinen Grimm schütte über sie aus,
> sie erreiche die Flamme deines Zornes.
> Verfolge sie mit Zorn
> und tilge sie aus unter dem Himmel des
> Herrn.

Wenngleich diese aus der Bibel entnommenen Sprüche durchaus verständlich sind, so haben sich doch gerade in letzter Zeit dagegen Bedenken geregt, daß die Liturgie der Seder-Nacht durch diesen Haßgesang, der über den Becher des Zornes gesprochen wird, getrübt erscheint. Die Rezitation dieser Sprüche ist schon 1521 in einer Haggada des Jehuda Bar-Jekutiel, der sich als ein Nachkomme Raschis bezeichnet, in ihr Gegenteil verwandelt:

> Ergieße deine Liebe über die Völker,
> welche dich anerkennen,
> und über die Reiche,
> die deinen Namen anrufen.
> Um der Liebe willen,
> die sie dem Samen Jakobs erweisen,
> und dein Volk Israel vor seinen Hassern
> schützen.
> Möchten sie gewürdigt werden,
> das Gute deiner Erwählten zu sehen
> und sich an der Freude deines Volkes zu
> freuen.

Ich lasse es dahingestellt, ob diese Wandlung von 1521 apologetische Gründe hat oder aus eigener Initiative entstanden ist.

Für das heutige Bewußtsein wird das Öffnen der

Türe immer mehr und mehr mit dem ursprünglich nicht intendierten Kommen des Elia in Verbindung gebracht, der nach einigen Forschern die Züge des Helios trägt, der im Sonnenwagen über den Himmel zieht, während Elia im feurigen Wagen gen Himmel fährt. Da Elia auch bereits eine Totenerweckung vollzieht, wird er zum Heros der Auferstehung, und durch sein Wunder der Vermehrung von Öl und Mehl im Hause der armen Witwe wird er zum Symbol des Ernäherers in einer zukünftigen Zeit, die keinen Hunger mehr kennt.

In der Volksphantasie tritt so das Positive des Segens anstelle des Fluches.

Vor allem aber müssen wir darauf hinweisen, daß der Kelch *nach* dem Mahle, der Kelch des Neuen Bundes, des Neuen Testaments ist, das durch die Deuteworte der Einsetzung des Abendmahls vom Becher des Zornes in den Becher der „Vergebung der Sünden für viele" umfunktioniert wird.

Nur nach dem Lukasevangelium (22,17–20) gibt es *zwei* Kelche beim Abendmahl Jesu, was durchaus dem Ritual der Seder-Nacht entspricht. Der erste Kelch wäre der des Kiddusch, des Segens, zum Beginn des Mahles und der letzte, eigentlich der vierte Kelch, ist der Becher des Zornes, der nun zum Becher der Vergebung wird.

Man versteht viele Details in der Beschreibung des Letzten Abendmahls erst auf dem Hintergrund des traditionellen Passah-Mahles.

Wir wiesen schon darauf hin, daß aus der Handwaschung, die dem Liturgen gespendet wird, die Fußwaschung wird, die der Meister den Jüngern spendet.

Eine ähnliche bewußte Umdrehung des Vorgegebenen haben wir beim Becher des Zorns, der zum Kelch des Neuen Bundes wird. Nur wer diese Kontraste sieht, versteht die Pointen solcher Berichte.

Auch in der Fortsetzung der neutestamentlichen Erzählung sind die Bezüge und Kontraste zum Seder-Mahl zu berücksichtigen.

Nach Abschluß des Mahles begibt sich Jesus mit den Jüngern nach Gethsemane, und dort betet er: „Vater, wenn's möglich ist, lasse diesen Kelch an mir vorübergehen" (Mt 26,39).

Dieses Gebet des einsamen Jesus muß als kerygmatischer Text verstanden werden, denn die Augen- und Ohrenzeugen waren ja permanent eingeschlafen.

Warum aber wählte die (judenchristliche) Urgemeinde diese ganz ungewöhnliche Formulierung? Der Beter in Gethsemane bittet nicht darum, daß die Stunde der Gefahr, die Todesdrohung, das Martyrium von ihm genommen werden möge, sondern er spricht von dem Kelch, der an ihm vorübergehen solle.

Diese Formulierung ist nur aus der Gegebenheit des Seder-Mahles zu verstehen. Bei diesem hat Jesus die vier Kelche vorschriftsmäßig geleert. Der fünfte Kelch blieb auf der Tafel stehen, „bis Elia kommt" und die strittige Frage entscheidet, worauf wir bereits hingewiesen haben.

Aber aus diesem fünften Becher wurde, wie gesagt, der Becher des Elia, und dieser wiederum gilt, gemäß Mal 3,23, als der Herold des Messias.

Jetzt aber wird es dem einsamen Beter in Gethsemane, gemäß der Vorstellung der Urgemeinde, klar, daß er diesen messianischen Becher leeren müsse, aber nicht im Sinne des triumphierenden Messias, sondern *zunächst* im Sinne des leidenden Messias, der in der Gestalt des leidenden Gottesknechtes Jes 52 vorgegeben ist.

Aber auch das Motiv des Taumelbechers oder Kelches oder des Weines des Zornes der alttestamentlichen Tradition mag hier mitwirken. Der Becher des Zornes findet sich u. a. bei Jes 51,17 u. 22, in ähnlicher Weise bei Jer 25,15–18 und Sach 12,2.

Auch in den Psalmen 60,5 und 75,9 finden sich analoge Vorstellungen, wobei es verschiedene Bezeichnungen gibt: Becher seines Zornes, Taumelbecher, Wein des Grimmes, Giftbecher usw. Dieser Kelch des göttlichen Zornes wird Jerusalem und den Völkern gereicht, und es ist nun, im Sinne der Theologie des Kreuzes, naheliegend, daß Jesus diesen Becher trinken muß, Symbol das Sühneleidens des Gerechten, der die Sünden seines Volkes und der Menschheit auf sich nimmt.

Die Evangelientradition schreibt Jesus bereits die Ahnung dieses Kelches zu: „Ihr könnt nicht von dem Kelch trinken, den ich trinken werde" (Mt 20,22; Mk 10,38).

Primär bleibt aber doch der Zusammenhang mit dem Kelch-Ritual der Seder-Nacht.

Das hier angeführte Kelchwort der Vorahnung Jesu kann aber trotzdem durchaus echt sein, denn die Vorstellung des Taumelbechers oder Becher des Zornes war durch den alttestamentlichen Sprachgebrauch gegeben. In diesem Sinne mochte, schon *vor* dem Gebetskampf in Gethsemane, Jesus der letzte Becher des Seder-Mahls erschienen sein, wobei die sogenannten

Deuteworte einem Jahrhunderte alten christlichen
Mißverständnis unterliegen. Vor allem das Trinken
des Blutes ist eine Vorstellung, die in das Judentum
Jesu nicht integrierbar scheint, da der Blutgenuß im
Judentum streng verpönt ist (Gen 9,4; Lev 3,17 u.
17,10–11; Deut 12,16 u. 23; Apg 15,20 u. 29).

Im Johannesevangelium 6,60 wird das Ansinnen Jesu, sein Blut zu trinken, als ‚harte Rede‘ zurückgewiesen, aber die Deuteworte bleiben beim Abendmahl
unwidersprochen.

Ich gebe nun der Vermutung Ausdruck, daß hier
durch die griechische Version der Evangelien eine
Verfremdung eingetreten ist. Ursprünglich lag den
Deuteworten die Formulierung „Bassar wa-dam“
(Fleisch und Blut) vor, die im Hebräischen die Leib-
haftigkeit umschreibt, sogar im Gegensatz zur göttlichen Ewigkeit: „Bassar wa-dam hajom odennu/u-ma-
char ejnenu“ (Fleisch und Blut noch heute/und morgen nicht mehr) heißt es im Jerusalemischen Talmud,
Traktat Sanhedrin 6 (Ende).

Jesus will in diesem Sinne nur sagen: „Heute bin ich
noch in Fleisch und Blut letztmalig unter euch und
morgen schon nicht mehr.“ Diese hebräische Rede-
wendung und Redeweise wurden im griechischen
Text nicht mehr erkannt, was unabsehbare Folgen
hatte. Aus dieser Verwörtlichung eines hebräischen
Idioms ist die Sakramentenlehre entstanden, die dem
hebräischen Denken fremd ist.

Im ältesten Zeugnis des Abendmahls 1Kor 11,17–34
finden wir die Formulierung: „Dieser Kelch ist der
Neue Bund in meinen Blut. Tut dies, so oft ihr daraus
trinkt, zu meinem Gedächtnis“ (1Kor 11,25).

In dieser ursprünglichen Formulierung wird der Gedächtnischarakter besonders deutlich und von einer Verwandlung von Wein in Blut kann nicht die Rede sein. Der Ton ist zu legen auf: dies tut zu *meinem* Gedächtnis, gemeint ist *zusätzlich* zum allgemeinen Sikkaron (Gedächtnis), der dem Auszug aus Ägypten galt.

Daß der Bund, hier der Neue Bund, mit dem Blut in Verbindung gebracht wird, ist naheliegend, da der in Israel durch alle Generationen hin bewahrte Abrahams-Bund der Beschneidung durch das Bundesblut besiegelt wird. In diesem Zusammenhang ist die seltsame Formulierung des Paulus zu berücksichtigen, der Jesus als „Diener der Beschneidung" bezeichnet (Röm 15,8), was nicht ausschließt, daß Jesus selbst zuweilen das Amt des Mohel, des Beschneiders, ausgeübt hat. Dieses Amt hat immer ein Schriftgelehrter und frommer Mann inne, und man könnte daher den Diener der Beschneidung in diesem wörtlichen Sinne auffassen. Durch die Ausübung dieses sakramentalen Aktes wird die Verbindung von Bund und Blut existentiell nahegelegt.

Daß Jesus selbst beschnitten war, unterliegt keinem Zweifel und geht aus der Formulierung: „von einem Weibe geboren und unter das Gesetz getan" (Gal 4,4) klar hervor, denn die Erwähnung ‚unter das Gesetz getan' meint primär die Beschneidung.

Die Kirche hat diesen Sachverhalt liturgisch integriert und den Neujahrstag (1. Januar) als ‚Fest der Beschneidung des Herrn' geheiligt. Leider ist dieser Brauch den Reformen des Zweiten Vatikanums zum Opfer gefallen.

In dem Gebetskampf Jesu in Gethsemane, der auf das Seder-Mahl folgt, wird ausdrücklich betont, daß Jesu Schweiß wie Blutstropfen zur Erde fielen (Lk 22,44).

Noch im Angstschweiß des Beters wird das *Blut* sichtbar, das zur Besiegelung des Bundes gehört und den nächtlich sich dämonisch offenbarenden Gott zu besänftigen vermag.

Dieses Motiv ist uns aus dem Überfall Gottes auf Mose in der Wüstenherberge bekannt (Ex 4,24–26), wo es Zippora, die Frau des Mose ist, die ihren Sohn in steinzeitlicher Form beschneidet und mit seinem Blute den zürnenden Gott besänftigt. Hier tritt der archaische Begriff des „Blutbräutigams" auf (Chathan-Damim), der nun im Hintergrund der Gethsemane-Szene steht. Der Blut schwitzende Jesus wird gleichsam zum Chathan-Damim.

Damit ist aber auch wiederum ein Passah-Motiv aufgegriffen, denn in der ursprünglichen Passah-Nacht erfolgt die Rettung Israels durch das Blut, das an die oberen Türschwellen der Häuser in der Landschaft Gosen gestrichen wurde, um so den Würger, der die Erstgeburt schlug, abzuhalten.

Kehrt der blutende Beter zu den Jüngern zurück, so findet er sie jeweils schlafend, womit wiederum ein Passah-Motiv gleichsam ironisch abgewandelt wird. Die Passah-Nacht wird ‚Lejl schimurim‘, die Wacht-Nacht, genannt, und in dieser sollten die Jünger mit ihrem Rabbi wachen. Sie versagen aber angesichts der Schwäche des Fleisches und schlafen immer wieder ein, was nach einem Seder-Mahl mit den vorgeschriebenen und zusätzlichen Kelchen durchaus verständlich erscheint.

„Lejl schimurim" bedeutet aber auch, im traditionellen Verständnis, die Nacht der Behütung, in welcher Gott sein Volk Israel in besonderer Weise schützt. Diese Vorstellung hat sich sogar in einer liturgischen Abstinenz niedergeschlagen. Das allnächtlich vorgesehene Beten des ‚Schema-Israel' (Deut 6,4–5), das übliche Nachtgebet auf dem Lager, unterbleibt in der Seder-Nacht. Nun ist es wiederum eine besondere Pointe des Evangeliums, die von christlichen Exegeten übersehen wird, daß der Sohn Gottes in der Nacht der Behütung trotz seines Gebetes den Sündern ausgeliefert wird.

Wieder jene Umdrehung, die wir schon bei der Fußwaschung ausdrücklich betont haben.

Dem einsamen Beter in Gethsemane erscheint ein Engel vom Himmel und gibt ihm (neue) Kraft (Lk 22,43). Die christliche Ikonographie pflegt diesen Engel mit einem Kelch darzustellen, aus dem Jesus neue Kraft gewinnt. Es entzieht sich meiner Kenntnis, ob dieser ikonographischen Tradition eine patristische Exegese zugrunde liegt. Jedenfalls zeigt sich hier ein feines Gespür für die Bedeutung des Kelches, der so noch einmal umfunktioniert wird.

Aus dem Becher des Zornes wurde der Becher der Vergebung und nun der Becher einer neuen Stärkung. Natürlich wurden hier Vorstellungen des Altarsakraments, im Akt einer theologischen Rückblendung, auf die Gethsemane-Szene retrospektiv projeziert.

Unsere Betrachtung des Bechers des Zornes in Konfrontation mit den Deuteworten des Abendmahls könnte darunter leiden, daß literarhistorisch vermerkt wird, es handele sich bei der Fluchformel um eine im

Mittelalter erst unter dem Druck der Verfolgungen
entstandene Zusammenstellung der angegebenen Verse aus den Psalmen 79 und 69 und Klageliedern 3. In
manchen Riten sind weitere Fluchworte aus Hosea
usw. angehängt.

Das ist sicher zutreffend, aber wir gehen wohl nicht
fehl, wenn wir annehmen, daß der Becher des Zorns
schon zur Zeit des Bar-Kochba-Aufstandes, der in
unserer Haggada durch Anführung von Rabbi Akiba
und seinen Zeitgenossen besonders betont wird, bekannt war, aber auch schon zur Zeit Jesu, in welcher
der Volkszorn gegen Rom, vor allem bei den Zeloten,
aufloderte. *Der Becher des Zornes dürfte zelotischen Ur-
sprungs sein.*

Nun ist es auffällig, daß sich im NT kein (ablehnen-
des) Wort gegen die Zeloten findet, ja, das Wort Jesu:
„Wer einen Beutel hat, der nehme ihn, desgleichen
auch die Tasche, und wer's nicht hat, verkaufe seinen
Mantel und kaufe *ein Schwert*" (Lk 22,36) rückt ihn –
für einen geschichtlichen Augenblick – in die Nähe der
Zeloten. (Hingegen ist das andere Schwertwort: „Ich
bin nicht gekommen, um Frieden zu bringen, sondern
das Schwert" [Mt 10,34] in einem geistigen Sinne der
entzweienden Entscheidung zu verstehen und hat mit
Zelotismus nichts zu tun.)

Zusammenfassend läßt sich also sagen, daß aus der
Immanenz der Situation heraus der Becher des Zornes
für die Zeit Jesu anzunehmen ist und daher sein Kelchwort beim Abendmahl eine Antwort auf den antirö-
mischen Aktivismus seiner Zeit darstellt. Der eigentliche Adressat, Judas, der zweifelsohne zelotische Züge
trägt, den der Meister zur Entfaltung des Aktivismus

zwingen will (das ist das wahre Motiv des sogenannten Verrates), ist schon nicht mehr anwesend.

7. Singet dem Herrn ein neues Lied

Der Becher des Zornes hat den Mahlteil der Seder-Feier beschlossen, und nun beherrscht der Gesang die Szene. Die mit den Psalmen 113 und 114 begonnene Rezitation der Hallel-Psalmen wird nun mit Psalm 115 fortgesetzt: „Nicht uns, Herr, nicht uns, sondern deinem Namen gib die Ehre."

Nach Psalm 118:

> „Preiset den Herrn, denn er ist gut,
> ewig währet seine Gnade . . ."

folgt noch als Abschluß das sogenannte Große Hallel (Ps 136), eine Zusammenfassung der Heilstaten Gottes, abermals mit dem Refrain: „Ewig währet seine Gnade."

Daran schließt sich nun die Hymne an „Nischmath kol-chaj", „Die Seele alles Lebendigen soll deinen Namen preisen, Herr unser Gott".

Diese Hymne bildet in der Liturgie den eigentlichen Anfang des sabbathlichen Morgengebetes, ebenso an den Feiertagen. Sie ist sagenumwoben und ihr Autor eigentlich unbekannt. Im Talmud wird kühn behauptet, daß Josua diese Hymne angestimmt habe, als er das Land Kanaan betrat.

Im Mittelalter aber entstand die Legende, daß der Apostel Petrus, nach dem Tode Jesu, sich in einem Turm als Einsiedler zurückgezogen habe, um für seinen messianischen Irrtum Buße zu tun. In solcher Abgeschiedenheit habe er dann die besagte Hymne verfaßt und an alle Gemeinden Israels versandt.

Wenn dieser Legende auch keinerlei historischer oder literarhistorischer Wert zugesprochen werden kann, so zeigt sie doch, daß das mittelalterliche Judentum offenbar zwischen Petrus und Paulus unterschied, den ersteren dem Judentum zurechnete und nur in seinem Gegenspieler Paulus den Abtrünnigen sah. Entscheidend mögen hier zwei Motive sein: die Stellung des Petrus zum Gesetz, die eine weithin bewahrende war, im Gegensatz zu der des Paulus, der vom „Ende des Gesetzes" sprach.

Ferner wird die Verleugnung Jesu durch Petrus im Sinne einer Absage interpretiert. Jedenfalls kann man aus der Legende ersehen, daß das mittelalterliche Judentum, mit dem Christentum konfrontiert, auch eine oberflächliche Kenntnis des NT hatte.

Die Hymne selbst zählt zu den schönsten Stücken der Liturgie und wurde deshalb wohl auch in den Liederteil der Haggada aufgenommen. (Näheres über diese Hymne findet sich in meinem Buch „Betendes Judentum". S. 143).

Die spezifischen Festlieder der Seder-Nacht beginnen mit dem Tischlied: „Es war um Mitternacht", „Wajehi ba-chazi ha-lajla". Dieses Lied faßt Gottes Macht und Wundertaten zusammen, die um Mitternacht sich ereignet haben sollen, und führt von Abraham bis zum Haman des Esther-Buches und schließlich weiter in die messianische Zeit.

Als Verfasser gilt der Hymnendichter Jannai, der im Lande Israel vermutlich im 6. Jahrhundert lebte. Die Hymne wurde schon von den Juden in Apulien und Calabrien in ihre Liturgie aufgenommen und, als diese um 900 in drei Auswandererzügen nach Deutschland kamen, in die Liturgie der aschkenasischen Juden integriert.

Dieses hübsche Nachtlied hat zwei bemerkenswerte Auswirkungen in der Weltliteratur.

Offenbar kannte Shakespeare dieses Lied, das von italienischen Juden auch in England eingeführt wurde, und so findet sich eine ironische Variante des Liedes in seinem „Kaufmann von Venedig", 5. Akt, 1. Szene, in dem Duett von Lorenzo und Jessica, der Tochter des Juden Shylock: „In such a night".

> „In solcher Nacht
> Stahl Jessica sich von dem reichen Juden
> Und lief mit einem ausgelassnen Liebsten
> Bis Belmont von Venedig.
> In solcher Nacht
> Schwor ihr Lorenzo, jung und zärtlich, Liebe
> Und stahl ihr Herz mit manchem Treuge-
> lübd',
> Wovon nicht eines echt war.
> In solcher Nacht
> Verleumdete die art'ge Jessica,
> Wie eine kleine Schelmin, ihren Liebsten,
> Und er vergab es ihr."

Welch bittere Ironie liegt darin, daß Jessica, die flüchtige Tochter des Juden Shylock, das kindvertrau-te Liedchen von der Mitternacht in dieser Weise persi-

fliert. Im Mittelpunkt des Hymnus steht natürlich die
nächtliche Flucht der Kinder Israel aus Ägypten. Dieses Motiv greift die zur Taufe entschlossene junge
Jüdin auf und besingt ihre eigene Flucht aus dem Hause
des reichen Juden, ihres Vaters, mit dem nicht gerade
als treu dargestellten Liebhaber.

Wenige nur werden die Parodie erkannt haben, die
dem berühmten Duett zugrunde liegt. Schon vor über
einem halben Jahrhundert hat der deutsche Literarhistoriker Josef Hofmiller (1872–1933) in einer Sonder-
nummer der „Süddeutschen Monatshefte" über „Die
Judenfrage" (1930) auf diesen seltsamen Zusammenhang der Liturgie der Passah-Nacht mit Shakespeare's
„Kaufmann von Venedig" hingewiesen.

Mag es manchen noch fraglich erscheinen, ob dieser
Zusammenhang nachweisbar ist, so unterliegt es keiner Frage, daß Heinrich Heines Ballade „Belsatzar"
mit unserem Seder-Tischlied zusammenhängt.

Die Ballade beginnt mit den Zeilen:

> Die Mitternacht zog näher schon;
> In stiller Ruh' lag Babylon.

Schon im Auftakt wird das Mitternachtsmotiv an-
gesprochen. Heine selbst bemerkte dazu: „Ich habe
dasselbe (das Gedicht „Belsatzar") geschrieben, bevor
ich sechzehn Jahre zurückgelegt. Und wissen Sie, was
mich zu demselben inspiriert hat? Ein paar Worte in
der hebräischen Hymne: „Wajhi ba-chazi halajla", die
man, wie Sie wissen, an den Osterabenden singt."

Die Literarhistoriker des 19. und 20. Jahrhunderts
Gustav Karpeles und Walter A. Berendsohn weisen
auf diesen Zusammenhang hin. Es ist erstaunlich, mit

welcher dichterischer Kraft Heine, damals noch fast ein Knabe, diese Ballade schuf, aber es ist nicht erstaunlich, daß auf ein empfängliches Gemüt die schöne Hymne der nächtlichen Seder-Feier gewirkt hat. Der Seder-Abend gehört zweifellos zu den prägenden Erlebnissen Heines, was aus seinem Novellenfragment „Der Rabbi von Bacharach" hervorgeht.

In der Diaspora, wo auch ein zweiter Seder-Abend gefeiert wird, ist ein weiterer Pijut für die andere Nacht vorgesehen: „So sprecht: es ist ein Passah-Opfer", von Elieser Hakalir aus dem 8. Jahrhundert. Das Gedicht ist der Liturgie des zweiten Tages des Passah-Festes entnommen und offenbar von unserem Mitternachtslied beeinflußt. Der Refrain ist Ex 12,27 entnommen.

Eine weitere Hymne in alphabetischer Reimart, die schon aus den Psalmen bekannt ist, „Ki lo nae" (Ihm gebührt Lobpreis) schließt diesen Teil der Liederfolge. Der Autor der Hymne ist unbekannt. Motive aus den Psalmen werden aufgegriffen und betont, daß Gott am Tage und in der Nacht zu preisen sei.

Darauf folgt die letzte Segnung des Kelches, die den Ruf: „Das kommende Jahr in Jerusalem!" beschließt.

Diesem Ruf kommt entscheidende Bedeutung zu. Jahr um Jahr in der heiligen Nacht Israels, als Ausdruck von Hoffnung und Treue, gesprochen und gesungen, hat er eine unbezweifelbare Tiefenwirkung gehabt.

Auch wenn es sich oft nur noch um ein Lippenbekenntnis gehandelt hat, so blieb doch im Unterbewußtsein der Beter und im kollektiven Unterbewußtsein der Gemeinschaft dieser Zielspruch erhalten.

In älteren Reform-Liturgien wurde dieser Spruch gestrichen, aber in den neueren Ausgaben der Haggada der Reformgemeinden, z. B. in Amerika, kehrt er in Großdruck wieder.

In den israelischen Ausgaben der Haggada wird dem Worte ‚Jerusalem‘ noch das Attribut ‚ha-benuja‘, das *wiedererbaute* Jerusalem, hinzugefügt.

Da Jerusalem aber heute größer denn je ist, habe ich die Formel vorgeschlagen: „Jeruschalajim schel Schalom", im Jerusalem des Friedens, denn nur so kann Jerusalem seiner Bestimmung gerecht werden.

Der Segen nach dem Genuß des Weines schließt die eigentliche Liturgie, was durch einen doppelten Vierzeiler des Rabbi Joseph ben Samuel Tov-Elem (Rheinland, 11. Jahrhundert) angezeigt wird: „Vollendet ist die Ordnung des Pessach nach seiner Vorschrift."

Auch dieses kurze Gedicht endet mit dem Ausblick auf die Gemeinde der Befreiten in Zion.

Es folgen nun noch einige Lieder heiteren Charakters; eine Hymne mit dem Refrain: „Gott, baue dein Haus in bälde." Dieses Lied wurde von einem Rabbi Schalom aus Wiener Neustadt, wahrscheinlich im 15. Jahrhundert, in die Haggada aufgenommen. Nur dieses Liedchen wurde bis in die jüngste Vergangenheit hinein bei aschkenasischen Juden auch in einer alten deutschen Übersetzung gesungen:

> Allmächtiger Gott, bau dein Tempel schiere,
> also schier (und also bald),
> In unsern Tagen schiere, ja schiere.

Selbst in manchen italienischen Haggada-Ausgaben findet sich der alt-deutsche Text.

Wesentlich ist für uns heute, daß der Refrain „El benej bejtho bekarov" der klassischen Auffassung Ausdruck gibt, daß der Dritte Tempel von Gott selbst errichtet wird. Er wird aus dem Himmel auf die Erde herabgesenkt, eine Vorstellung, die wir auch in der Offenbarung des Johannes 21,2–3 finden, die Hütte Gottes bei den Menschen.

Diese mythische Vorstellung ist heute von eminent politischer Bedeutung. Nicht durch terroristische Gewaltakte kann der Dritte Tempel entstehen, sondern nur durch das gnadenhafte Eingreifen Gottes. Unser Volkslied gibt dem beredten Ausdruck.

Es folgt ein hübsches Zahlenlied: „Eins, wer weiß es – Eins, ich weiß es, Eins ist unser Gott im Himmel und auf Erden." Das Zahlenspiel wird bis zur Zahl dreizehn fortgesetzt, welche die Gnadeneigenschaften Gottes anzeigen (Ex 34,6–7). Jeweils wird für jede Zahl ein Symbol Israels genannt. Nach der Proklamierung der Einzigkeit Gottes folgen die zwei Bundestafeln, die drei Väter (Abraham, Isaak und Jakob), die vier Mütter (Sara, Rebekka, Rahel und Lea), die Fünf Bücher Mose, die sechs Ordnungen Mischna, der siebente Tag des Sabbath, die acht Tage bis zur Beschneidung, die neun Monate der Schwangerschaft, die Zehn Gebote, die elf Sterne, die Joseph im Traume sieht (Gen 37,9), die zwölf Stämme Israels, und schließlich die dreizehn Gnadeneigenschaften Gottes, die er dem Mose am Sinai offenbart hat.

Das Schlußlied aber, oft vertont, ist der Gesang vom Lämmchen „Chad Gadja, chad Gadja". Etwas schulmeisterlich bemerkt E. D. Goldschmidt (a. O. [s. o. S. 109] S. 107): „Das in schlechtem Aramäisch abgefaßte, mit hebräischen Brocken durchsetzte und sicher erst im 15. Jahrhundert entstandene Lied erinnert in der Form an die deutschen Jockellieder" („Da schickt der Herr den Jockel aus").

Der Grundgedanke findet sich Koheleth 5,7b: „Denn ein Hoher schützt den andern, und noch Höhere sind über beiden."

Israel wird als das Lämmchen dargestellt, das der Vater, Abba, für zwei Suse, gemeint sind die zwei Bundestafeln, sich erworben hat. Nun werden die Verfolgungen Israels im Bilde dargestellt. Das Lämmchen wird von der Katze gebissen, die Katze vom Hund, der Hund wird vom Stock geschlagen, der Stock wird vom Feuer verzehrt, das Feuer wird vom Wasser gelöscht, das wird vom Ochsen gesoffen, der Ochse wird vom Schlächter geschlachtet, der Schlächter wird vom Todesengel erschlagen, dann aber erscheint der Heilige, gelobt sei er, selbst und tötet den Todesengel.

Was der Apostel Paulus pathetisch im Anschluß an Jes 25,8 proklamiert: „Tod, ich will dein Tod sein … der Tod ist in den Sieg verschlungen …" (1 Kor 15,55) wird hier in volksliedhafter Scherzhaftigkeit, noch dem Kinde verständlich, besungen.

In einer eigentümlichen Fassung ist dieser Schlußgesang der Haggada in die alte deutsche Liedersammlung „Des Knaben Wunderhorn" von Achim von Arnim und Clemens Brentano eingegangen: „Für die Jüngelcher von unsern Leut".

In einer Fußnote wird bemerkt: „Das folgende Ge-

dicht entstammt der hebräischen Litanei, die am Vor-
abend des jüdischen Osterfestes (Pessach) gesungen
wird. Es soll wohl die Vergeltungstheorie, die den
Grundzug der jüdischen Religion bildet, in Form einer
Parabel illustrieren. Die Überschrift stammt natürlich
von den Herausgebern."

Die hier gegebene Version befleißigt sich jenes von
den Romantikern aufgebrachten Judendeutsch, das in
Wirklichkeit nie existiert hat. Die Währung des Sus
wird gleichsam germanisiert. Das Lämmlein wird um
„zwey Schilling Pfennig" erworben.

Bemerkenswert scheint es mir, daß der anonyme
Dichter dieses Liedchens Gott in der Anfangsstrophe
als „Abba" bezeichnet. Die bei christlichen Theologen
verbreitete Meinung, daß die Bezeichnung „Abba" für
Gott ein jesuanisches Sondergut darstellt, wird damit
zwar nicht widerlegt, aber doch in Frage gestellt. Ganz
unbefangen kann ein jüdischer Dichter die Bezeichnung „Abba" für Gott wählen, wobei er sich auf das
talmudische Vorbild Choni's des Kreisziehers berufen
kann, der bereits diese zärtliche Anrede Gottes benutz-
te, um Regen vom Vater zu erflehen.

In einer volkstümlichen Nachdichtung in der weit
verbreiteten Haggada von R. J. Fürstenthal (Frankfurt
1883) findet sich die freie Version:

> Gott richtet Welt und Wesen;
> Die Guten wie die Bösen;
> Dem Würger gab er Tod zum Lohn,
> Weil er gewürgt des Menschen Sohn.

Es ist allerdings ganz unzulässig, wenn P. Lapide
(Auferstehung: Ein jüd. Glaubenserlebnis. Stuttgart-
München 1977. S. 41) die hier aus Reimgründen einge-

führte Bezeichnung „Menschensohn" christologisch interpretieren will. Davon kann keine Rede sein.

Der Zusammenhang des Schlußliedes mit der Se-der-Feier ist sicher nicht klar ersichtlich, wie Gold-schmidt betont, und doch scheint mir eine messiani-sche Motivierung nahe zu liegen.

Wir haben eingangs von den drei Phasen des Passah gesprochen: dem Passah Ägyptens, dem Passah der Generationen und dem messianischen Passah im Rei-che Gottes „Pessach he-atid".

Der Tod des Todes, Schluß unseres Liedchens vom Lämmlein, ist das Zeichen des messianischen Reiches des ewigen Lebens.

Es ist mir unverständlich, daß E. D. Goldschmidt (a. O. [s. o. S. 109] S. 180) zu unserem Lied Chad Gad-ja bemerkt: „Das Gedicht, dessen Beziehungen zur Sedernacht nicht klar sind – wahrscheinlich ist es auch nur zur Anregung der Jugend hierher gesetzt – hat viele Ausdeutungen erfahren . . .".

Der Zusammenhang ist klar gegeben durch das Lämmlein, das Passah-Opfer. Von unserem Chad Gadja aber führt ein gerader Weg zum Agnus Dei, dem Lamm Gottes (Joh 1,29 u. 36). Chad Gadja ist im wahrsten Sinne des Wortes das Lamm Gottes, denn der Abba hat es sich erkauft[1].

Daß das Agnus Dei, das Lamm Gottes, als Passah-lamm gesehen wurde, geht klar aus Joh 19,36 hervor.

---

[1] Es ist nicht ausgeschlossen, daß das theophore Suffix „Jah" in Gadja(h) angedeutet ist, Gotteslamm; zumal der Dichter das Aramäische nur als Kunstsprache unzureichend beherrschte. Vgl. auch Jes 40,11 u. par.; Joh 10,12 (vom Guten Hirten), ebenso Ps 23 und Gen 48,15.

Dort wird berichtet, daß dem gekreuzigten Jesus die Beine nicht mehr gebrochen wurden, damit erfüllt werde, was in Ex 12,46 c in Bezug auf das Passah-Lamm geboten ist: „Ihr sollt ihm (dem Passah-Lamm) kein Bein zerbrechen."

Das Lamm Gottes trägt die Sünden der Welt, im Sinne des leidenden Gottesknechtes von Jes 53. Bedenkt man nun, daß die traditonelle Deutung im Judentum diesen Gottesknecht kollektiv sieht als das leidende Israel, während die christliche Exegese, schon durch Philippus erstmalig bezeugt (Apg 8,35), die Lieder vom Knechte Gottes auf die Passion Jesu beziehen, so wird uns der Zusammenhang zwischen Chad Gadja und Agnus Dei noch klarer.

Das Lämmchen, in unserem Liede, wird von der Katze gebissen; diese soll dem Erzfeind Assyrien gleichen, ich aber neige eher dazu, daß es sich hier um Ägypten handelt, denn gerade bei den Ägyptern war die Katze ein heiliges Tier, und von der Drangsal in Ägypten geht unsere Seder-Feier aus.

Auch das „Agnus Dei", das Lamm Gottes, wie Johannes der Täufer Jesus bezeichnet, wurde seit dem siebten Jahrhundert ein hymnischer Bestandteil der lateinischen Messe, in der während des Brotbrechens gesungen wurde.

Später ging dieser Gesang auch in die evangelische Abendmahlsfeier ein, sodaß wir tatsächlich ein *Lied* vom Lamm Gottes in der jüdischen Seder-Feier, in der katholischen Messe und in der evangelischen Abendmahlsfeier vor uns haben.

Juden und Christen ist dieser Zusammenhang nicht bewußt, aber gerade deshalb scheint es mir angezeigt,

auf diesen gleichsam unterschwelligen Zusammenhang nachdrücklich hinzuweisen.

An dieser Stelle zeigt sich noch einmal, in eindrück-
licher Weise, der Zusammenhang von Passah-Feier
und Abendmahl und die unerkannte Nähe der beiden
Glaubensweisen, die in Judentum und Christentum
ihre historische Form gefunden haben.

Dabei scheint es mir nicht ganz zufällig, daß im
Christentum vieles mit einem überhöhten Pathos verkündigt wird, was im Judentum oft nur eine fast
scherzhafte Andeutung findet. Eine besondere Nähe
der Kinder Israel zu ihrem Vater im Himmel, dem sie
in mittlerloser Kinderschaft gegenüberstehen, verur-
sacht diese religiöse Intimität, die der Kirche weithin
fremd blieb.

Jesus selbst wurde gerade von dieser religiösen Intimität motiviert, die zu der für ihn so typischen Anrede
Gottes als ‚Abba‘ führte, aber die Kirche hat, durch
den Einfluß byzantinischer Hofriten, solche Intimität
weithin verloren und eine oft starre Feierlichkeit an
ihre Stelle gesetzt.

In der Konfrontation unseres Chad Gadja-Lied-
chens mit dem Gesang Agnus Dei wird dieser Klima-
Unterschied evident: Heiterkeit contra Pathos.

Beide Formen aber scheinen mir ein legitimer Ausdruck der Adoration zu sein; wesentlich ist nur, daß ihr
innerer Bezug erkannt und ihre Zusammengehörig-
keit bekannt wird.

Anhang
Pessach-Haggadah⋆

Suche nach Gesäuertem S. 41 f.

Am Abend des 14. Tages[1] im Monat Nissan untersucht man die Winkel des Hauses, um alles gesäuerte Brot wegzuschaffen.
Vorher wird folgender Segen gesagt:

Gesegnet sei, Du unser Gott, König der Welt, der uns durch seine Gebote geheiligt, und uns befohlen hat, das gesäuerte Brot wegzuschaffen.

Nach dem Ausräumen wird folgender Spruch gesprochen:

Aller Sauerteig und alles Gesäuerte, das sich in meinem Besitz befindet und ich nicht gesehen und ich nicht weggeschafft habe, soll als nichts und dem Staub der Erde gleich geachtet werden.

Das gefundene Brot wird alsdann sorgfältig verwahrt und am anderen Tage gegen 10.00 Uhr morgens verbrannt.
Nach dem Verbrennen wird folgender Spruch gesprochen[2]:

Aller Sauerteig und alles Gesäuerte, das sich in meinem Besitz befindet, ich gesehen oder nicht gesehen, ich weggeschafft oder

---

⋆ Abdruck erfolgt nach der Ausgabe. Pessach-Haggadah bearbeitet von Robert Raphael Geis, Düsseldorf 1954. Verlag der Allgemeinen Wochenzeitung der Juden in Deutschland. Mit freundlicher Genehmigung des Zentralrates der Juden in Deutschland, Bonn. Erläuternde Texte und Verweise sind am Rande hinzugefügt.

[1] fällt der 14. auf einen Schabbat, so geschieht das Forträumen am Abend des 13.

[2] Wenn der 14. am Schabbat ist, so wird das Chometz am Freitag verbrannt, dieser Segensspruch aber erst am Schabbat ungefähr um 10.00 Uhr gesprochen.

nicht weggeschafft habe, soll wie nichts und dem Staub der Erde gleich geachtet werden.

Wenn Erew Pessach auf einen Mittwoch fällt, so nimmt man eine Mazza, legt etwas gekochtes oder gebratenes Fleisch darauf und sagt diesen Segensspruch:

Anrichten des Mahles

Gesegnet sei, Du unser Gott, König der Welt, der uns durch seine Gebote geheiligt und uns das Gebot des Eruw befohlen hast.

Durch diesen Eruw sei es uns erlaubt, zu backen, zu kochen, Speise warm zu halten, Licht anzuzünden und überhaupt alles Nötige vom Festtag auf den Schabbat zu verrichten, uns und jedem, der an diesem Orte wohnt.

Die Sederschüssel wird folgendermaßen bereitet: Es werden drei Mazzoth – Cohen, Lewi, Israel genannt – so auf der Sederschüssel angeordnet, daß Israel unten, Cohen oben zu liegen kommt. Jede der drei Mazzoth wird mit einem Tuch bedeckt. Oben auf der Sederschüssel steht Petersilie (Karpas) und links davon ein Gefäß mit Salzwasser, dahinter das Maror (Meerrettich) und Charosset (Brei aus gehackten Früchten), schließlich ein hartgekochtes Ei und als Seroa ein gebratener Schulterknochen mit etwas Fleisch. Petersilie und Salzwasser stehen dem Sedergebenden am nächsten.

S. 32 ff.

Vier Becher roten Weins werden im Laufe des Sederabends getrunken. Ein gefüllter Becher wird zu den Leuchtern für den Propheten Elijahu hingestellt.

(Am Schabbat wird hier angefangen.)

Am sechsten Tag: Vollendet waren Himmel und Erde und all ihre Scharen; und als Gott am siebenten Tag sein Werk vollendet hatte, das er geschaffen, ruhte er am siebenten Tag von all seinem Werk, das er geschaffen. Und Gott segnete den siebenten Tag und heiligte ihn; denn an ihm ruhte er von seinem Schöpfungswerk, das er geschaffen hatte, es fortzugestalten.

Kiddusch S. 42 ff.

Wenn das Fest auf einen Wochentag fällt, wird hier Kiddusch angefangen.

Gesegnet sei, Du unser Gott, König der Welt, der die Frucht der Rebe erschaffen.

Gesegnet sei, Du unser Gott, König der Welt, der uns aus allem Volk erwählt, uns über alle Sprachen erhoben und uns durch seine Gebote geheiligt hat. Du gabst uns, Du unser Gott, in Liebe (Schabbatot zur Ruhe und) Feste zur Freude, Begehungen und Gezeiten zur Wonne, (diesen Schabbat und) diesen Tag des Mazzotfestes, Zeit unserer Freiheit, Ausrufen von Heiligung, Gedenken an den Auszug aus Aegypten.

Denn uns hast Du erwählt und uns geheiligt aus allen Völkern, (Schabbat und) Feste Deiner Heiligung hast Du (in Liebe und Wohlgefallen,) in Freude und Wonne uns zugeeignet. Gesegnet sei Du, der (den Schabbat und) Israel und die Gezeiten heiligt.

Fällt der Eintritt des Festes mit dem Ausgang des Schabbats zusammen, so wird folgendes eingeschaltet:

Gesegnet sei, Du unser Gott, König der Welt, Schöpfer der Feuerleuchten.

Gesegnet sei, Du unser Gott, König der Welt, der unterschieden zwischen Heiligem und Gemeinem, zwischen Licht und Finsternis, zwischen Israel und den Völkern, zwischen dem siebten Tag und den sechs Werktagen. Zwischen der Heiligkeit des Schabbat und der Heiligkeit des Festtages hast Du unterschieden; und wie Du den siebenten vor den sechs Werktagen geheiligt, so hast Du Dein Volk Israel gesondert und geweiht durch Deine Heiligkeit. Gesegnet sei, Du, der da scheidet das Heilige vom Heiligen.

Gesegnet sei, Du unser Gott, König der Welt, der uns leben und bestehen und in diese Zeit gelangen ließ.

<table>
<tr><td>S. 49ff.</td><td>

Hierauf wird der erste Becher Wein getrunken.
Der Sedergebende wäscht sich die Hände, sagt aber keinen Segensspruch dabei.
Er nimmt ein Stückchen Petersilie, taucht es in Salzwasser oder Essig, wobei er folgendes spricht:

</td></tr>
</table>

Gesegnet sei, Du unser Gott, König der Welt, der die Erdfrüchte erschaffen.

Er ißt, und gibt jedem am Tisch sitzenden ebenfalls ein solches, die alle denselben Segen darüber sprechen.

Dann bricht er die in der Mitte liegende Mazza (den Levi) durch, und legt die größere Hälfte, die später zu Aphikoman benutzt wird, bei Seite.

Die aramäische Einleitung
S. 51

Nun wird das Ei und das Seroa von der Schüssel genommen, die Schüssel in die Höhe gehoben und folgendes dabei gesprochen:

Sieh da das ärmliche Brot, das unsere Väter in Aegypten gegessen haben. Jeder, der hungrig ist, komme und esse, jeder, der bedürftig ist, komme und halte Pessach. Dieses Jahr hier, nächstes Jahr im Lande Israel; dieses Jahr Knechte, nächstes Jahr Freie.

Hier füllt man die Gläser zum zweiten Male, und der Jüngste der Tischgesellschaft fragt:

Die Fragen S. 52 ff.

Was ist dieser Abend anders als alle anderen, daß wir an allen Abenden gesäuertes und ungesäuertes Brot essen, heute abend nur ungesäuertes; daß wir an allen Abenden beliebige Kräuter essen, heute Abend Bitterkraut; daß wir an allen Abenden Eingetauchtes überhaupt nicht zu essen pflegen, heute abend sogar zweimal; daß wir an allen Abenden nach Belieben sitzend oder angelehnt essen, heute aber alle angelehnt?

Die Mazzoth werden aufgedeckt, und die Tischgesellschaft antwortet dieses:

Die Antwort S. 54 ff.

Knechte waren wir Pharao in Aegypten, Gott aber führte uns von dort weg mit starker Hand und ausgestrecktem Arm. Hätte Gott unsere Väter nicht aus Aegypten geführt, dann wären wir, unsere Kinder und Enkel noch heute dem Pharao verknechtet. Wären wir auch alle weise, alle verständig, alle torakundig, so müßten wir trotzdem vom Auszug aus Aegypten erzählen; und je mehr es einer tut, umso lobenswerter ist es.

S. 58 ff.

Einst saßen Rabbi Elieser, Rabbi Jehoschua, Rabbi Elasar ben Asarja, Rabbi Akiwa und Rabbi Tarfon in B'ne B'rak bei Tisch und erzählten die ganze Nacht vom Auszug aus Aegypten, bis ihre Schüler kamen und zu ihnen sagten: Lehrer, es ist bereits die Zeit des Morgengebets gekommen.

Rabbi Elasar ben Asarja sagte: Ich bin nun wie ein Siebzigjähriger, habe aber nicht die Genugtuung erlebt, den Auszug aus Aegypten auch am Abend sagen zu hören, bis Ben Soma es aus Deut. 16,3 herauslas: Damit du des Tages deines Auszugs aus Aegypten gedenkst alle Tage deines Lebens: „die Tage deines Lebens" – das würde nur die „Tage" bezeichnen; „alle Tage deines Lebens" – das begreift auch die Nächte ein. Die übrigen Gesetzeslehrer aber erklären anders: „die Tage deines Lebens" das meint: in dieser Welt; „alle Tage deines Lebens" das begreift die messianische Zeit mit ein.

Midrasch der vier Kinder S. 60 ff.

Gesegnet sei Gott, der seinem Volke Israel die Tora gegeben hat. Vier Arten von Kindern werden von der Tora gemeint: das kluge, das böse, das einfältige und das Kind, das noch nicht zu fragen versteht.

Wie fragt das kluge Kind? Was bedeuten die Zeugnisse, Gesetze und Rechtsnormen, die unser Gott euch geboten hat? (Deut. 6,20). So teile du ihm nach den Vorschriften des Pessach mit, daß man nach dem Pessachopfer nicht mit einem Nachtisch abschließt.

Wie fragt das böse Kind: Was soll auch dieser Dienst? Euch, sagt er, nicht auch ihm selbst. Nun, so wie er sich aus der Gesamtheit ausschließt und damit Gott verleugnet, so mache auch du ihm die Zähne stumpf und antworte ihm mit Ex. 13,8: Deswegen hat Gott es mir getan, als ich aus Aegypten zog: mir, nicht ihm. Wäre er dort gewesen, er wäre nicht erlöst worden!

Wie fragt das einfältige Kind? „Was ist das?" (Ex. 13,14). Darauf antworte ihm: Mit starker Hand hat Gott uns aus Aegypten, dem Haus der Knechtschaft, geführt.

Das Kind, das noch nicht zu fragen versteht, belehre du zuerst (Ex. 13,8): du sollst es deinem Sohn an diesem Tage erzählen: Deswegen hat Gott es mir getan beim Auszug aus Aegypten.

S. 68 ff. Du sollst es deinem Sohn erzählen – vielleicht schon vom Neumond an? Nein, sagt die Tora, es heißt ausdrücklich: „an diesem Tage". Wenn nun schon an diesem Tage, vielleicht während es noch Tag ist? Nein, es heißt ausdrücklich: „Deswegen", womit die Zeit festgelegt ist, wo Mazza und Bitterkraut vor dir liegen.

Anfangs waren unsere Väter Heiden, jetzt aber hat Gott uns zur wirklichen Gottesverehrung gebracht (Jos. 24,2): Josua verkündete dem ganzen Volk; so spricht Gott: Jenseits des Stroms wohnten eure Vorfahren von altersher, Terach, der Vater Abrahama und Nachors, als Diener fremder Götter. Ich aber nahm euren Vater Abraham und führte ihn durch das ganze Land Kenaan, ließ ihm viele Nachkommen werden und gab ihm den Jizchak, gab diesem wiederum den Jakow und Essaw, und gab dem Essaw das Gebirge Sseïr zum Besitz – Jakow und seine Söhne aber zogen nach Aegypten.

Einf.
zum Mi-
drasch
Deut
26,5–8
S. 70 ff. Gesegnet sei, der seine Versprechung Israel gegenüber hält; denn Gott hat schon vorher das Ende festgelegt, als er unserem Vater Abraham beim Bund zwischen den Opferstücken (Gen. 15,13) sagte: Wissen sollst du, daß deine Nachkommen Fremde sein werden in einem Lande, das ihnen nicht gehört, und sie werden jenen dienen müssen, und man wird sie peinigen vierhundert

Jahre lang; aber auch das Volk, dem sie dienen werden, richte ich, und nachher werden sie herausgehen mit großer Habe.

Die Mazzoth werden zugedeckt, hernach hebt man den Becher in die Höhe und sagt:

Diese Versprechung ist es nun, die unseren Vätern und uns erhalten geblieben ist. Denn nicht einer allein hat sich gegen uns erhoben, sondern zu allen Zeiten erheben sie sich gegen uns, uns zu vernichten – Gott aber errettet uns vor ihnen.

Man stellt den Becher nieder, deckt die Mazzoth wieder auf und spricht:

Geh hin und lerne, was Lawan, der Aramäer, unserem Vater Jakow antun wollte; denn Pharao hatte es nur auf das männliche Geschlecht abgesehen, Lawan aber wollte alles vernichten. Es heißt (Deut. 26,5): Der Aramäer wollte meinen Vater vernichten, der zog nach Aegypten, hielt sich dort mit wenigen Personen auf und wurde dort zu einem großen, starken und zahlreichen Volk.

Er zog nach Aegypten, unter Zwang, auf göttlichen Ausspruch. Und hielt sich dort auf – das heißt Jakow ging nicht nach Aegypten, um sich dort anzusiedeln, sondern zu vorübergehendem Aufenthalt. Sie sagten zu Pharao: Wir sind hergekommen, um uns hier aufzuhalten, denn es gibt keine Weide für die Schafe infolge der schweren Hungersnot in Kenaan. So laß deine Diener wohnen im Lande Goschen. (Gen. 47,4). Mit wenigen Personen: Zu siebzig Seelen wanderten deine Väter nach Aegypten hinab, und nun hat dein Gott dich an Menge gleichgemacht den Sternen am Himmel (Deut. 10,22). Und er wurde dort zu einem Volk; das heißt Israel blieb auch dort kenntlich. Groß, stark, wie es heißt (Ex. 1,7): Die Söhne Israels waren fruchtbar, sie wimmelten, sie wuchsen, sie erstarkten mehr und mehr, das Land war ihrer voll. Und zahlreich, denn es heißt (Ez. 16,7): Wachstum gab ich dir wie dem Sproß des Feldes, du wuchsest und wurdest groß . . . aber bar noch warst du und bloß. Die Aegypter aber verdächtigten uns als schlecht, peinigten uns und legten uns schwere Arbeit auf. (Deut. 26,6).

Die Aegypter verdächtigten uns als schlecht (Ex. 1,10): Wohlan, wir wollen klug zu Werke gehen, um das Volk nicht groß werden zu lassen, damit es sich im Falle eines Krieges nicht zu unseren Feinden schlage, uns bekämpfe und sich aus dem Lande mache. Sie peinigten uns (Ex. 1,11): Sie setzten Aufseher ein, sie

Mi-drasch S. 72 ff.

S. 74 ff.

zu peinigen mit ihren Lasten und die Vorratsstädte Pithom und Ramses bauen zu lassen. Und legten uns schwere Arbeit auf (Ex. 1,13): Die Aegypter ließen Israel mit Strenge arbeiten.

Da schrien wir zum Herrn, dem Gott unserer Väter, und Gott hörte unsere Stimme und sah unser Elend, unsere Mühsal und unseren Druck.

Da schrien wir zu Gott (Ex. 2,23): In jener langen Zeit geschah es, daß der König von Aegypten starb. Die Söhne Israels aber seufzten unter der Arbeitslast, sie schrien auf, und ihr Flehen stieg auf zu Gott von der Arbeit. Und Gott hörte unsere Stimmen.

So heißt es (Ex. 2,24): Und Gott hörte ihr Jammern und gedachte seines Bundes mit Abraham, Jizchak und Jakow. Und er sah unser Elend, das ist die Unterbindung des ehelichen Lebens (Ex. 2,25): und Gott sah die Kinder Israel und Gott erkannte. Und unser Mühsal, das sind die Söhne (Ex. 1,22): Jeden neugeborenen Sohn sollt ihr in den Fluß werfen, aber jede Tochter laßt am Leben.

Und unseren Druck, das ist die Bedrückung (Ex. 3,9): Ich habe auch den Druck gesehen, mit dem die Aegypter sie drückten.

Und Gott führte uns aus Aegypten mit starker Hand und ausgestrecktem Arm, mit einer großen Erscheinung, mit Zeichen und Wundern.

Gott führte uns heraus. Nicht durch einen Engel, nicht durch einen Seraph, nicht durch einen Boten, sondern Gott selbst (Ex. 12,12): Ich gehe diese Nacht im Lande Aegypten umher und schlage dort alle Erstgeburt bei Mensch und Vieh, und an allen Göttern Aegyptens halte ich Strafgericht, ich Gott.

S. 77 ff. Ich gehe diese Nacht im Lande Aegypten umher: Ich selbst und kein Engel. Ich schlage dort alle Erstgeburt: Ich selbst und kein Seraph. Und an allen Göttern Aegyptens halte ich Strafgerichte: Ich selbst und kein Bote. Ich Gott: Ich bin es und kein anderer.

Mit starker Hand, das ist die Pest (Ex. 9,3): Die Hand Gottes ist gegen dein Vieh gerichtet, die Pferde, die Esel, die Kamele, die Rinder, die Schafe, eine sehr schwere Pest. Mit ausgestrecktem Arm, das ist das Schwert (1 Chr. 21,16): Sein gezücktes Schwert in der Hand, ausgestreckt über Jerusalem. Mit großer Erscheinung, das ist die Offenbarung der Gottheit (Deut. 4,34): Wo hätte je ein Gott versucht, sich ein Volk mitten aus einem anderen herauszunehmen mit Zeichen, Wundern und Erweisen, mit Krieg, starker Hand, ausgestrecktem Arm und großen Erscheinungen, wie Gott es in Aegypten vor euren Augen getan. Mit Zeichen, das ist der Stab (Ex. 4,17): Diesen Stab hier nimm in deine Hand, womit du die Zeichen wirken sollst. Und mit Wundern, das ist das Blut (Joel 3,3): Und ich zeige Wunder an Himmel und Erde, Blut, Feuer und Rauchsäulen.

S. 80 ff.

Eine andere Erklärung: Die Ausdrücke mit starker Hand, mit ausgestrecktem Arm, mit großer Furcht, mit Wundern und mit Erweisen bedeuten je zwei – das deutet auf die zehn Plagen, die Gott über die Aegypter brachte:

Blut, Frösche, Ungeziefer, Geschmeiß, Viehseuche, Geschwüre, Hagel, Heuschrecken, Finsternis, Tötung der Erstgeburt.

Rabbi Jehuda gab dafür ein Zeichen: Dezach, Adasch, Beachaw.

Rabbi Josse der Galiläer wirft die Frage auf, wie man errechnen könne, daß die Aegypter in ihrem Land von zehn, am Meer aber von fünfzig Plagen betroffen wurden. Er findet dafür einen Anhalt in dem Vers Ex. 8,15, wo bei den ägyptischen Plagen ein Finger Gottes, und Ex. 14,31, wo beim Wunder am Schilfmeer die große Hand Gottes erwähnt wird; damit ist das Verhältnis beider gegeben.

Rabbi Elieser erklärt unter Heranziehung von Ps. 78,49: Er ließ gegen sie los seine Zornesglut: Grimm, Dräuen und Bedrängnis, eine Sendung böser Engel, daß jede der Plagen, insofern sie die Prädikate Grimm, Dräuen, Bedrängnis und Sendung böser Engel in sich enthalte, gewissermaßen aus vier Plagen bestehe. Rabbi Akiwa zählt die Zornesglut mit, wodurch der Ansatz auf fünf erhöht wird. Man kommt somit durch Übertragung dieser Berechnung auf das früher schon Errechnete nach Rabbi Elieser auf vierzig Plagen in Aegypten und zweihundert am Meer, nach Rabbi Akiwa auf fünfzig Plagen in Aegypten und zweihundertfünfzig am Meer.

Welche Fülle von Wohltaten hat uns Gott erwiesen.

S. 82 ff.

Hätte er uns nur aus Aegypten befreit,
ohne an den Aegyptern Gericht zu üben,
es wäre genug gewesen.

Hätte er an den Aegyptern Gericht geübt, ohne es auch an ihren Göttern zu tun,
es wäre genug gewesen.

Hätte er an ihren Göttern Gericht geübt, ohne ihre Erstgeburt zu töten,
es wäre genug gewesen.

Hätte er ihre Erstgeburt getötet, ohne uns ihre Habe zu geben,
es wäre genug gewesen.

Hätte er uns ihre Habe gegeben, ohne für uns das Meer zu spalten,
es wäre genug gewesen.

Hätte er für uns das Meer gespalten, ohne uns trocken hindurchzuführen,
es wäre genug gewesen.

Hätte er uns trocken hindurchgeführt, ohne unsere Feinde hineinzuversenken,
es wäre genug gewesen.

Hätte er unsere Feinde hineinversenkt, ohne uns vierzig Jahre in der Wüste zu versorgen,
es wäre genug gewesen.

Hätte er uns vierzig Jahre in der Wüste versorgt, ohne uns mit Man zu speisen,
es wäre genug gewesen.

Hätte er uns mit Man gespeist, ohne uns den Schabbat zu geben,
es wäre genug gewesen.

Hätte er uns den Schabbat gegeben, ohne uns an den Sinai zu bringen,
es wäre genug gewesen.

Hätte er uns an den Sinai gebracht, ohne uns die Tora zu schenken,
es wäre genug gewesen.

Hätte er uns die Tora geschenkt, ohne uns in das Land Israel zu führen,
es wäre genug gewesen.

Hätte er uns in das Land Israel geführt, ohne uns den Tempel zu bauen,
es wäre genug gewesen.

Nicht eine, sondern eine Fülle von Wohltaten verpflichten uns Gott. Er hat uns aus Aegypten geführt, er hat an den Aegyptern und ihren Göttern Strafgericht gehalten, er hat ihre Erstgeburt getötet, er hat uns ihre Habe gegeben, er hat uns das Meer gespalten, er hat uns trocken hindurchgeführt, er hat unsere Feinde hineinversenkt, er hat uns vierzig Jahre in der Wüste versorgt, er hat uns mit Man gespeist, er hat uns den Schabbat gegeben, er hat uns an den Sinai gebracht, er hat uns die Tora geschenkt, er hat uns in das Land Israel geführt und er hat uns den Tempel erbaut zur Sühnung für alle unsere Sünden.

Rabban Gamliel lehrte: Wer am Pessach nicht folgende drei Dinge ausspricht, hat seiner Pflicht nicht genügt, nämlich: P e s s a c h , M a z z a und M a r o r .

Das Pessachlamm, das unsere Väter aßen, als der Tempel noch stand, warum war es da? Weil Gott die Häuser unserer Väter in Aegypten übergangen hatte. Dann sagtet ihr: Es ist ein Uebergehungsopfer für Gott, der die Häuser der Israeliten in Aegypten übergangen hat, als er die Aegypter schlug und unsere Häuser rettete. Da neigte sich das Volk und warf sich nieder. (Ex. 12,27). Dieses Ungesäuerte, das wir essen, warum ist es da? Weil der Teig unserer Väter nicht mehr Zeit hatte zu säuern, als Gott sich ihnen offenbarte und sie befreite: Sie buken den Teig, den sie aus Aegypten mitgebracht, zu ungesäuertem Kuchen, da er nicht mehr säuern konnte, denn sie wurden aus Aegypten getrieben und durften nicht verweilen, und auch sonstige Wegzehrung hatten sie sich nicht vorbereitet (Ex. 12,29).

Midrasch von Pessach, Mazza und Maror S. 88 ff.

Dieses Bitterkraut, das wir essen, warum ist es da? Weil die Aegypter unseren Vätern in Aegypten das Leben verbittert haben: Und sie verbitterten ihnen das Leben mit schwerer Arbeit in Lehm, Ziegeln und aller Feldarbeit. (Ex. 1,14).

S. 93 ff.

In jedem Geschlecht ist der Mensch verpflichtet, sich vorzustellen, er selbst sei aus Aegypten gezogen: Und erzählen sollst du deinem Sohn an demselben Tag, deswegen hat Gott es mir getan, als ich aus Aegypten zog (Ex. 13,8). Nicht nur unsere Väter hat Gott erlöst, sondern auch uns: Und uns hat er von dort weggeführt, um uns in das Land zu bringen, das er unseren Väter zugeschworen hat (Deut. 6,23).

Man bedeckt die Mazzoth, hebt das Glas und spricht:

Hallel S. 98 ff.

Deswegen sind wir verpflichtet, zu danken, zu preisen, zu loben und zu verherrlichen den, der uns all diese Wunder getan und uns aus der Knechtschaft in die Freiheit, aus Kummer zur Freude, aus Trauer zum Festtag, aus Dunkel zum Licht, aus Sklaverei zur Befreiung geführt hat; so wollen wir vor ihm ein neues Lied singen: Halleluja.

Man stellt das Glas hin und deckt die Mazzoth wieder auf.

Preiset oh Ihn! / Preiset, ihr, Seine Knechte, / preiset Seinen Namen! / Sein Name sei gesegnet / von jetzt bis hin in die Zeit, /

Ps 113

vom Aufstrahlen der Sonne / bis zu ihrem Untergang / Sein
Name gepriesen! / Er ist über alle Weltstämme erhaben, / seine
Ehre über den Himmel. / Wer ist wie Er, unser Gott, / der Sitz
hat in der Höhe, / der Sicht hat in die Tiefe / im Himmel und auf
der Erde, / vom Staub aufrichtet den Armen, / vom Kot den
Dürftigen erhebt, / ihm Sitz zu geben neben den Edlen, / neben
den Edlen seines Volkes, / Sitz gibt der Sprossenlosen im Haus /
als einer frohen Mutter von Kindern! / Preiset oh ihn!

Ps 114   Als Israel zog aus Aegypten, / Jakows Haus aus dem stammeln-
den Volk, / ward Jehuda zum Heiligtum ihm, / Israel sein
Herrschaftsbereich. / Das Meer sah es und floh, / der Jordan bog
rückwärts aus, / die Berge hüpften wie Widder, / Hügel wie die
jungen Schafe. / Was ist dir, du Meer, daß du fliehst, / du Jordan,
biegst rückwärts aus, / ihr Berge, hüpfet wie Widder, / Hügel,
wie die jungen Schafe? / Vorm Anlitz des Herrn kreiße Erde, /
vorm Antlitz des Gottes Jakows, / der den Fels in einen Wasser-
teich wandelt, / einen Kiesel zum Wasserquell!

*Man deckt die Mazzoth wieder zu, nimmt das Glas in die Hand und
spricht:*

S. 100f.   Gesegnet sei, Du unser Gott, König der Welt, der Du aus Aegypten uns erlöst und unsere Väter erlöst hast und hast uns gelangen
lassen zu dieser Nacht, in ihr Mazza und Bitterkraut zu essen. So
lasse uns, Du unser Gott, Gott unserer Väter, zu anderen Festes-
zeiten und Wallfahrtstagen gelangen, die uns entgegenkommen
zum Heil, uns erfreuend am Aufbau Deiner Stadt und uns ent-
zückend an Deinem Dienst. Dort wollen wir essen von den
Schlachtmahlen und den Uebergehungsopfern, deren Blut zu
Wohlgefallen an die Wand Deiner Schlachtstatt gelangt, und
danken wollen wir Dir in neuem Lied für unsere Erlösung, für
die Befreiung unserer Seele. Gesegnet sei, Du, der Israel erlöst.
Gesegnet sei, Du unser Gott, König der Welt, der die Frucht der
Rebe erschaffen.

*Hier trinkt man zum zweiten Male, angelehnt an die linke Seite. Man
wäscht sich die Hände und spricht folgenden Segen:*

Gesegnet sei, Du unser Gott, König der Welt, der uns durch
seine Gebote geheiligt, und uns das Händewaschen befohlen hat.

*Der Sedergebende nimmt die drei Mazzoth zusammen, so wie sie
geordnet sind, und spricht folgende Segenssprüche:*

Gesegnet sei, Du unser Gott, König der Welt, der das Brot aus
der Erde hervorbringt.

Gesegnet sei, Du unser Gott, König der Welt, der uns durch
seine Gebote geheiligt, und uns ungesäuertes Brot zu essen befohlen hat.

Er bricht dann ein Stück vom Cohen, ebenso auch ein Stück von der
schon früher angebrochenen Mazza (dem Levi) ab, und ißt beide
zusammen:

Er nimmt alsdann von der Krone des Maror, taucht es in Charosset und
ißt beides zusammen, nachdem er folgenden Segen gesprochen hat:

Gesegnet sei, Du unser Gott, König der Welt, der uns durch
seine Gebote geheiligt, und uns bittere Kräuter zu essen befohlen
hat.

Er gibt auch den Tischgenossen davon, die denselben Segen sprechen.
Hierauf bricht er etwas von der unten liegenden, bis dahin ganz geblie-
benen Mazza (dem Israel), nimmt ein Stückchen Meerrettich, ißt beides
zusammen, nachdem er folgenden Spruch gebetet hat:

So machte es Hillel, als noch der Tempel stand: er pflegte Mazza   S. 102 ff.
und Maror zusammenzulegen und so vereint zu essen, um wört-
lich die Vorschrift zu erfüllen: zusammen mit Mazza und Maror
sollen sie das Pessachlamm essen.

Es wird den Tischgenossen davon gegeben, die vor dem Genuß densel-
ben Segensspruch sagen.

Nun wird nach Belieben gespeist.

Wenn die Mahlzeit ihr Ende erreicht hat, bricht der Sedergebende ein
Stückchen von der nach dem Kiddusch-Gebet zurückgelegten Mazza
(Aphikomen) ab, ißt es und verteilt es ebenfalls an die Tischgesellschaft,
die es ebenfalls verzehren muß.

Nun wird das Glas zum dritten Male gefüllt und man spricht folgendes:
Der Sedergebende spricht:
Meine Herren, wir wollen das Tischgebet verrichten.
Die Tischgesellschaft:

Der Name Gottes sei gesegnet von nun an bis in Ewigkeit.

Der Sedergebende:

Laßt uns segnen den, (unseren Gott) der uns speist.

Die Tischgesellschaft:

Gesegnet sei (unser Gott), der uns speist und dessen Güte uns erhält.

Der Sedergebende wiederholt:

Gesegnet sei (unser Gott), dessen Güte uns erhält.

Gesegnet sei Er und gesegnet Sein Name.

Tisch-
segen
S. 106 Gesegnet sei, Du unser Gott, König der Welt, der die Welt allsamt ernährt in seiner Güte! In Gnade, in Huld und in Erbarmen gibt Speise er allem Fleisch, denn in Weltzeit währt seine Huld. Und durch seine große Güte hat es uns an Nahrung nie gemangelt und möge es nimmer uns mangeln in Weltzeit und Ewigkeit, um seines großen Namens willen. Denn er ernährt und versorgt das All und tut Gutes dem All und bereitet Nahrung für all seine Geschöpfe, die er erschaffen hat. Gesegnet sei, Du, der das All ernährt.

Wir danken dir, Du unser Gott, dafür, daß du unseren Vätern ein köstliches Land, gut und weit, zugeeignet, und dafür, daß du uns, Du unser Gott, aus dem Land Aegypten führtest, uns aus dem Haus der Knechtschaft befreitest, und für deinen Bund, den du besiegelt an unserem Fleisch, und für deine Weisung, die du uns lehrtest, und für deine Gesetze, die du uns kennen ließest, und für Leben, Gnade und Huld, damit du uns begnadet hast, und für den Genuß der Nahrung, damit du uns ernährst und versorgst, stets, alletag, allezeit, und alle Stunde.

Und für all das, Du unser Gott, danken wir dir und segnen dich, gesegnet sei dein Name im Munde alles Lebenden, stets, in Weltzeit und Ewigkeit. Wie geschrieben steht: so wirst du essen und satt werden und segnen Ihn deinen Gott für das gute Land, das er dir gegeben hat. Gesegnet sei, Du, für das Land und für die Nahrung.

Erbarme dich, du unser Gott, Israel deines Volkes und Jerusalems deiner Stadt und Zions der Wohnung deiner Ehre und der Königschaft des Hauses Davids deines Gesalbten und des großen und heiligen Hauses, darüber dein Name gerufen ist. Unser Gott, unser Vater, weide uns, ernähre uns, versorge uns und erhalte uns, und gewähre uns Atemraum, laß uns bald, Du unser Gott, aufatmen aus all unseren Bedrängnissen. Und laß uns doch nimmer bedürfen, Du unser Gott, nicht der Handreichung einer Gabe von Fleisch und Blut und nicht der Handreichung ihres Darlehens, sondern deiner Hand, der vollen, der offenen, der heiligen und der weiten, daß wir nicht zu Schanden und nicht zu Schimpfe werden in Weltzeit und Ewigkeit.

Am Schabbat wird hier folgendes eingeschaltet:

Möge es dir gefallen, Du unser Gott, uns auszurüsten mit deinen Geboten, und mit dem Gebot des siebenten Tags, der großen und heiligen Schabbatfeier. Denn dieser Tag, groß und heilig ist er vor dir, in Liebe an ihm zu feiern und an ihm zu ruhn nach dem Gebot deines Wohlgefallens. In deinem Wohlgefallen schenk Ruhe uns, Du unser Gott, daß nicht Bedrängnis, Kummer und Seufzen an unserem Ruhetag sei. Und laß uns sehen, Du unser Gott, die Tröstung Zions deiner Stadt und die Erbauung Jerusalems, der Stadt deines Heiligtums, denn du ja bist der Herr der Befreiungen, der Herr der Tröstungen.

Unser Gott und Gott unserer Väter! Vor dich steige auf, komme, lange an, werde ersehen, gefällig empfangen, erhört, eingeordnet und bedacht unser Gedächtnis und unsere Einordnung, das Gedächtnis unserer Väter, das Gedächtnis des Gesalbten, des Sohns Davids, deines Knechts, das Gedächtnis Jerusalems, der Stadt deines Heiligtums, und das Gedächtnis all deines Volkes, des Hauses Israel zur Bewahrung, zur Guttat, zur Gnade, zur Huld, zum Erbarmen, zum Leben und zum Frieden an diesem Tag des Mazzotfestes. Gedenke, Du unser Gott, an ihm unser zum Guten, ordne an ihm uns zum Segen ein und befreie an ihm uns zum Leben. Und mit einem Wort der Befreiung und des Erbarmens begünstige und begnade uns, erbarm dich unser und befreie uns. Denn zu dir gehen unsere Augen, denn du bist Gott, König voll Gnade und Barmherzigkeit.

Und erbaue Jerusalem, die Stadt des Heiligtums in Bälde, in unseren Tagen. Gesegnet sei, Du, der in seinem Erbarmen Jerusalem erbaut. Amen.

Gesegnet sei, Du unser Gott, König der Welt, unser Vatergott, unser König, unser Hehrer, unser Schöpfer, unser Erlöser, unser Bildner, unser Heiliger. Heiliger Jakows, unser Hirt, Hirt Israels, oh König, gut und guttuend dem All, der guttat, der guttut, der guttun wird an allen Tagen uns. Er ists, der es uns vollbrachte, der es uns vollbringt, der es uns vollbringen wird, auf ewig, zu Gnade, zu Huld, zu Erbarmen, zu einem Aufatmen in Errettung und Gelingen, Segen und Befreiung, Tröstung, Versorgung und Erhaltung, und Erbarmen und Leben und Frieden und allem Guten, und an allem Guten lasse er es nimmer uns mangeln.

Der Erbarmer, König sei er über uns in Weltzeit und Ewigkeit. Der Erbarmer, gesegnet werde er im Himmel und auf Erden. Der Erbarmer, gelobt werde er von Geschlecht zu Geschlecht, gerühmt an uns in der Dauer der Zeiten, verklärt an uns auf immer, von Ewigkeit zu Ewigkeit. Der Erbarmer, er versorge uns in Ehren. Der Erbarmer, er breche unser Joch von unserem Hals, er führe uns aufrechten Ganges in unser Land. Der Erbarmer, er sende vielfältigen Segen in dieses Haus und über diesen Tisch, an dem wir gegessen haben. Der Erbarmer, er sende uns Elijahu den Propheten, zum Guten gedacht, daß er frohe Botschaft uns bringe, Befreiungen und Tröstungen. Der Erbarmer, er segne (meinen Vater, meinen Lehrer) den Herrn dieses Hauses und (meine Mutter, meine Lehrerin) die Herrin dieses Hauses, sie und ihr Haus und ihre Nachkommen und alles, was zu ihnen gehört (und alle, die hier tafeln), uns und alles, was unser ist, gleichwie gesegnet waren unsere Väter Abraham, Jizchak und Jakow mit allem, aus allem, allerwegen, so segne er uns alle beisammen mit vollkommener Segnung. Und sprechen wir: Amen.

In der Höhe möge man Würdigung vorbringen über sie und über uns, daß es uns zu einer Hut des Friedens werde, und wir Segen empfangen von Ihm her und Bewahrheitung vom Gott unserer Freiheit, und wir Gnade und guten Sinn finden in den Augen von Gott und Mensch.

(Am Schabbat:) Der Erbarmer, er eigne uns den Tag zu, der nur Feier ist und Ruhe zum Leben der Zeiten.

Der Erbarmer, er eigne uns einen Tag zu, der nur gut ist.

Der Erbarmer, er würdige uns den Tagen des Gesalbten und dem Leben der kommenden Welt zu, der seinem König große Befreiung schafft, Huld wirkt an seinem Gesalbten, an David, und seinem Nachkommen auf Weltzeit. Der Frieden wirkt in seinen Höhen, er wirke Frieden über uns und über all Israel. Und sprechet: Amen.

Fürchtet Ihn, ihr ihm Geheiligten, denn den sein Fürchtigen ist kein Mangel. Leun müssen darben und hungern, aber die nach Ihm fragen, ermangeln nicht alles Guts. Danket Ihm, denn er ist gütig, denn in Weltzeit währt seine Huld. Der du deine Hand öffnest und alles Lebendige sättigst mit Gefallen. Gesegnet der Mann, der mit Ihm sich sichert, Er wird seine Sicherheit.

Ich war jung, alt auch bin ich geworden, und sah nie einen
Bewährten verlassen und seinen Nachkommen suchend nach
Brot.
Er wird Macht seinem Volke geben, Er wird sein Volk segnen
mit Frieden.
Gesegnet sei, Du unser Gott, König der Welt, der die Frucht der
Rebe erschaffen.

Man lehnt sich auf die linke Seite und trinkt zum dritten Male. S. 108 ff.
Unter dem Druck mittelalterlicher Verfolgungen sind folgende Bibel-
stellen für die Haggadah zusammengestellt worden. Man öffnet bei ihrer
Rezitation die Tür für den Messiasboten, den Propheten Eliajahu.

Schütte deinen Grimm auf die Stämme, die dich nicht kennen
wollen, auf die Königreiche, die deinen Namen nicht anrufen.
Denn man frißt Jakow, seine Wohnungen veröden sie. (Ps. 79,6)
Deinen Grimm schütte über sie, sie erreiche die Flamme deines
Zorns. (Ps. 69,25)
Verfolge sie mit Zorn und tilge sie unter Gottes Himmel hinweg.
(Klagelieder 3,66)

Man füllt das Glas zum vierten Male und vollendet das Hallel. Hallel
S. 120

Nicht uns, Du, nicht uns, / sondern deinem Namen gib Ehre, / Ps 115
um deine Huld, um deine Treue. / Warum sollen die Weltstämme sprechen: Wo ist doch ihr Gott? / Aber unser Gott ist im
Himmel, / er macht alles wie es ihm gefällt. / Ihre Puppen sind
Silber und Gold, / Gemächt von Menschenhänden, / haben einen
Mund und können nicht reden, / haben Augen und können nicht
sehen, / haben Ohren und können nicht hören, / haben eine Nase
und können nicht riechen, / ihre Hände, sie können nicht tasten,
/ ihre Füße, sie können nicht gehen, / nicht tönen sie mit ihrer
Kehle. / Ihnen gleich werden die sie machten, / alles was sich
sichert an ihnen. / Israel, sei sicher an Ihm. / Er ist ihre Hilfe, ihr
Schild. / Haus Aharons, seid sicher an Ihm. / Er ist ihre Hilfe, ihr
Schild. / Ihr Sein Fürchtigen, seid sicher an Ihm. / Er ist ihre
Hilfe, ihr Schild.
Er hat unser gedacht, er wird segnen, / segnen das Haus Israels, /
segnen das Haus Aharons, / segnen die Sein Fürchtigen, / die
Kleinen samt den Großen. / Füge Er für euch noch hinzu, / für
euch und für eure Kinder. / Gesegnet seiet ihr Ihm, / der Himmel
und Erde gemacht hat. / Der Himmel, Sein Himmel ists, / den
Menschenkindern gab er die Erde. / Nicht die Toten preisen ihn,

/ nicht die in die Tiefstille sanken. / Wir aber segnen Ihn, / von jetzt an bis in hin in die Zeit. / Preiset Ihn.

Ps 116   Ich liebe, / denn Er hört / meine Stimme, meine Anflehungen. / Denn er hat sein Ohr mir geneigt / und meine Tage durch rufe ich an. / Umschwirren mich Streiche des Todes, / treffen des Gruftreichs Drangsale mich, / treffe ich Bedrängnis und Kummer, / Seinen Namen rufe ich an: Ach doch, Du, / lasse meine Seele entschlüpfen! / Gönnend ist Er und wahrhaftig, / unser Gott ein Erbarmender. / Er ist ein Hüter der Einfältigen, / bin ich erschwacht, er befreit mich. / Kehre, meine Seele, zu deiner Ruhestatt um, / denn Er fertigt es für dich. / Ja, du hast entwunden, / meine Seele dem Tod, / mein Auge der Träne, / meinen Fuß dem Anstoß, / vor Deinem Antlitz darf ich mich ergehen / in den Ländern des Lebens. / Ich vertraue, / wenn ich reden muß: Ich da, ich bin sehr gebeugt. / Ich da, ich sprach in meiner Bestürzung: Alle Menschheit täuscht.
Womit soll ich nun Ihm erstatten / all seine Zufertigung für mich. / Den Kelch der Befreiung heb ich / und Seinen Namen rufe ich an, / ich zahle Ihm meine Gelübde / gegenwarts doch all seines Volks. / Teuer ist in Seinen Augen / das Versterben seiner Holden. / Ach doch, Du, / ja, ich bin dein Knecht, / bin dein Knecht, der Sohn deiner Magd, / geöffnet hast du meine Fesseln! / Dir schlachte ich Schlachtopfer des Danks / und Deinen Namen rufe ich an. / Ich zahle Ihm meine Gelübde / gegenwarts doch all seines Volks / in den Höfen Seines Hauses, / in deiner Mitte, Jerusalem! / Preiset oh Ihn!

Ps 117   Preiset, alle Weltstämme, Ihn, / rühmt ihn, all ihr Nationen! / Denn gewaltig ist über uns seine Huld, / Seine Treue währt in Weltzeit. / Preiset oh Ihn!

Ps 118   Danket Ihm, denn er ist gütig,
denn in Weltzeit währt seine Huld.
Spreche doch Israel:
Denn in Weltzeit währt seine Huld.
Spreche doch das Haus Aharons:
Denn in Weltzeit währt seine Huld.
Sprechen doch die Sein Fürchtigen:
Denn in Weltzeit währt seine Huld.
Aus der Drangsal rief ich: Oh Er! / In der Weite gab mir Antwort oh Er. / Er ist für mich, ich fürchte nicht, / was kann ein Mensch mir tun? / Er ist für mich, meine Helferschaft, / auf meine Hasser

werde ich niedersehen. / Besser ists, sich bergen an Ihm, / als sich sichern an Menschen. / Besser ists, sich bergen an Ihm, / als sich sichern an Edeln. / Haben Erdstämme allerart mich umrungen, / mit Seinem Namen, wohl, kappe ich sie. / Haben sie mich umringt, ja umrungen, / mit Seinem Namen, wohl, kappe ich sie. / Haben sie mich umringt wie Bienen, / sie verschwelen wie Dornenfeuer, / mit Seinem Namen, wohl, kappe ich sie. / Gestoßen, hingestoßen hast du mich zum Fallen, / aber Er hat mir aufgeholfen. / Mein Sieg und Saitenspiel – oh Er! / – er ward mir zur Befreiung. / Die Stimme des Jubels und der Befreiung / ist in den Zelten der Bewährten: „Seine Rechte tut Macht / Seine Rechte ist erhoben, / Seine Rechte tut Macht!" / Ich sterbe nicht, nein, ich darf leben / und Seine Taten erzählen. / Gezüchtigt hat Er mich, gezüchtigt, / aber dem Sterben hat er mich nicht gegeben. / Oeffnet mir die Tore der Wahrheit, / ich will in sie kommen, danken will ich oh Ihm! / Dies ist das Tor zu Ihm, / Bewährte kommen da rein. / Ich danke dir, daß du mir geantwortet hast / und wardst mir zur Befreiung. / Der Stein, den die Bauherren verwarfen, / er ist zum Eckstein geworden. / Geworden ist dies von Ihm her! / Ein Wunder ist das vor unseren Augen! / Dieser ist der Tag, den Er gemacht hat. / Jauchzen wir und freuen uns sein.

Ach Du, befreie doch!

Ach Du, befreie doch!

Ach Du, laß doch gelingen!

Ach Du, laß doch gelingen!

Mit Seinem Namen gesegnet, der kommt! / Aus Seinem Hause segnen wir euch! / Gott ist Er und Er leuchtet uns / Haltet den Festreihn mit Seilen gebunden / bis an die Hörner der Schlachtstatt! / Mein Gott bist du, / ich will dir danken, / mein Gott, / ich will dich erheben. / Danket Ihm, denn er ist gütig, / denn in Weltzeit währt seine Huld.

Preisen müssen dich, / Du, unser Gott, / all deine Werke. / Die dir Holden, die Bewährten, / die wirken nach deinem Gefallen, / und all dein Volk, das Volk Israel, / in Jubel danken sie, / segnen sie, loben sie, / rühmen sie, erheben sie, / umschauern sie, heiligen sie, / königen sie deinen Namen, / unser König! / Denn dir zu danken ist gut, / deinem Namen aufzuspielen geziemend. / Denn von Weltzeit her und in Weltzeit hin / bis du Gott.

Großes
Hallel
Ps 136

Nun folgt das große Hallel.

Danket Ihm, denn er ist gütig,
  denn in Weltzeit währt seine Huld.
Danket dem Gotte der Götter,
  denn in Weltzeit währt seine Huld.
Danket dem Herrn der Herren,
  denn in Weltzeit währt seine Huld.
Der große Wunderwerke machte allein,
  denn in Weltzeit währt seine Huld.
Der mit Vernunft machte den Himmel,
  denn in Weltzeit währt seine Huld.
Der die Erde dehnte über die Wasser,
  denn in Weltzeit währt seine Huld.
Der die großen Lichter machte,
  denn in Weltzeit währt seine Huld.
Die Sonne zur Waltung des Tags,
  denn in Weltzeit währt seine Huld.
Mond und Sterne zur Waltung der Nacht,
  denn in Weltzeit währt seine Huld.
Der Aegypten an seinen Erstlingen schlug,
  denn in Weltzeit währt seine Huld.
Und Israel ausfahren ließ von ihrer Mitte,
  denn in Weltzeit währt seine Huld.
Mit starker Hand und gestrecktem Arm,
  denn in Weltzeit währt seine Huld.
Der das Schilfmeer schnitt in Schnitte,
  denn in Weltzeit währt seine Huld.
Und Israel ziehen ließ mitten durch,
  denn in Weltzeit währt seine Huld.
Der durch die Wüste gehen ließ, sein Volk,
  denn in Weltzeit währt seine Huld.
Der große Könige schlug,
  denn in Weltzeit währt seine Huld.
Und herrische Könige erwürgte,
  denn in Weltzeit währt seine Huld.
Sichon den Amoriterkönig,
  denn in Weltzeit währt seine Huld.
Und Og, König des Baschan,
  denn in Weltzeit währt seine Huld.
Und gab ihr Land hin als Eigen,
  denn in Weltzeit währt seine Huld.

Eigen Israel, seinem Knecht,
    denn in Weltzeit währt seine Huld.
Der in unserer Erniedrigung unserer gedachte,
    denn in Weltzeit währt seine Huld.
Und entschleppte uns unsren Drängern,
    denn in Weltzeit währt seine Huld.
Der Speise gibt allem Fleisch,
    denn in Weltzeit währt seine Huld.
Danken dem Gott des Himmels,
    denn in Weltzeit währt seine Huld.

Der Atem alles Lebenden / segne deinen Namen, / Du unser S. 120
Gott, / der Geisthauch alles Fleisches / rühme und erhebe dein
Gedenken, / unser König, immerdar. / Von der Weltzeit her, in
die Weltzeit hin / bis zu Gott, / und außer dir ist uns kein König, /
Erlöser und Befreier, / Erkaufer und Erretter / und Versorger
und Erbarmer / zu aller Stunde der Drangsal und Not, / ist uns
kein König, nur du. / Gott der Ersten und der Letzten, / Gott
aller Geschöpfe, / Herr alles Gezeugten, / der gepriesen wird in
der Loblieder Fülle, / der lenkt seine Welt in Huld, / seine
Geschöpfe in Erbarmen. / Er schlummert nicht, schläft nicht, /
er, der Entschlafene weckt, / der Betäubte ermuntert, / der
Stumme beredt macht, / der Gefangene entfesselt, / der Fallende
stützt, / der Gebückte aufreckt. / Dir allein danken wir. / Wäre
unser Mund Gesangs voll wie das Meer, / unsre Zunge Jubels
wie das Getös seiner Wellen, / unsre Lippen Lobs wie die Weiten
des Gewölbs, / unsre Augen leuchtend wie Sonne und Mond, /
unsre Hände gebreitet wie Adler des Himmels, / unsre Füße
leicht wie der Hinden, / wir reichten nicht hin, dir zu danken, /
Du unser Gott, Gott unsrer Väter, / und deinen Namen zu
segnen / für ein einziges / von dem Tausend-, Abertausend-,
Tausendmaltausend-, Myriadenmalmyriadenfältigen an Gu-
tem, / das du an unsern Vätern und an uns getan hast. / Aus
Aegypten hast du uns erlöst, / Du unser Gott, / und aus dem
Hause der Knechtschaft uns erkauft, / im Hunger uns gespeist /
und in Sättigung uns erhalten, / vorm Schwerte uns gerettet /
und vor der Seuche uns geborgen / und aus Krankheiten, bösen
und zähen, uns emporgewunden. / Bis hierher / half uns dein
Erbarmen, / verließ uns nicht deine Huld, nimmer lehne uns ab,
/ Du unser Gott, / in die Dauer. / Darum, / die Glieder, die du in
uns hast gespalten, / Hauch und Atem, die du uns in die Nase

hast geblasen, / die Zunge, die du uns in den Mund hast gelegt, /
sie sollen danken und segnen und rühmen / und erheben und
umschauern und heiligen / und königen deinen Namen, / unser
König. / Denn aller Mund, / dir dankt er, / alle Zunge, / dir
schwört sie, / alles Knie, / dir beugt es sich, / aller Hochwuchs, /
dir wirft er sich hin, / alle Herzen, / dich fürchten sie, / alles
Geweid und Nieren, / deinem Namen spielen sie auf, / dem Wort
nach, das geschrieben ist: / „Sprechen werden alle meine Ge-
beine: / Du, wer ist dir gleich, / der den Armen errettet / vor
dem, der stärker als er ist, / den Armen, den Dürftigen / vor
seinem Berauber." / Wer gleicht dir, / wer ähnelt dir, / wer reiht
sich dir an, / du großer, du gewaltiger, du furchtgebietender
Gott, / hoher Gott, Stifter von Himmel und Erde? / Wir wollen
dich preisen, / wir wollen dich loben, / wir wollen dich rühmen,
/ wir wollen segnen / den Namen deiner Heiligung, / wie gesprochen ist von David: / „Segne, meine Seele, Ihn, / all meine
Eingeweide, seiner Heiligung Namen!" / Du Gott in den Kräften
deiner Macht, / du Großer im Ehrenschein deines Namens, / du
Gewaltiger durch die Dauer hin, / du Furchtgebietender in deinen Furchtbarkeiten, / du König, sitzend auf erhobenem und
ragendem Stuhl.

Einwohnt auf ewig er, / des Namen ist erhaben und heilig. / Und
geschrieben ist: / „Jubelt, ihr Bewährten, um Ihn, / den Geraden
ist Preisung geziemend." / Durch den Mund Gerader wirst du
gepriesen, / durch die Worte Bewährter wirst du gesegnet, /
durch die Zunge Holdmütiger wirst du erhoben, / im Innenkreis
Heiliger wirst du geheiligt.

Und in den Versammlungen der Myriaden deines Volkes, / des
Hauses Israel, / rühmt in Jubel man deinen Namen, / unser
König, / in allem Geschlecht und Geschlecht. / Denn so ist es
Pflicht aller Gebilde / vor dir, Du unser Gott, Gott unsrer Väter,
/ zu danken, zu preisen, zu loben, / zu rühmen, zu erheben, zu
verklären, / zu segnen, zu erhöhen, zu huldigen / über alle Worte
der Gesänge und Loblieder Davids, Sohnes Jischajs, deines
Knechts, deines Gesalbten.

Gelobt werde dein Name auf ewig, / unser König, / du Gott, du
großer und heiliger König im Himmel und auf Erden. / Denn dir
geziemt, / Du unser Gott, Gott unsrer Väter, / Gesang und
Loblied, / Preisen und Saitenspiel, / Macht und Lehnsherrschaft,
/ Sieg und Größe, / Preisung und Rühmung, / Heiligkeit und
Königtum, / Segnungen und Dankbekennen / von jetzt und in

alle Weltzeit hin. / Gesegnet sei, Du / Gott, König, in den Lobliedern groß, / Gott des Dankbekennens, / Herr des Wunderzeigens, / der Saitenspielgesänge erkürt, / König, Gott, Lebendiger der Zeiten.

Folgendes sagt man am ersten Sederabend: S. 121 ff.

Nun stimmt an: Das war in Mitten der Nacht.
Einst hast du viele Wunder gewirkt in der Nacht.
Am Anfang der Wachen dieser Nacht.
Dem Proselyten (Abraham) gabst du den Sieg, als sich ihm teilte die Nacht.
    Das war in Mitten der Nacht.
Du richtest den König von Gerar im Traum der Nacht. Du schrecktest den Aramäer in der verflossenen Nacht. Und Israel rang mit dem göttlichen Wesen und kam ihm bei in der Nacht.
    Das wir in Mitten der Nacht.
Die Erstgeburt von Patros riebst du auf in Mitten der Nacht. Ihre Kraft fanden sie nicht mehr, als sie aufstanden bei Nacht. Das Heer der Fürsten von Charoschet verwarfst du durch Sterne der Nacht.
    Das war in Mitten der Nacht.
Der Lästerer sann darauf, Zion zu drohen, da ließest du seine Toten verdorren in der Nacht. Es stürzte Bel samt dem, worauf er stand, in der Nacht. Dem Liebling wurde offenbart das Geheimnis des Gesichts der Nacht.
    Das war in Mitten der Nacht.
Der sich berauscht in heiligen Geräten, er wurde noch ermordet in derselben Nacht. Aus der Löwengrube wurde gerettet der Deuter der Schrecken der Nacht. Haß nährte Haman der Agagi und ließ Schrifstücke aufsetzen in der Nacht.
    Das war in Mitten der Nacht.
Du aber eröffnetest deinen Sieg über ihn, als floh der Schlaf der Nacht. So hältst du ein Aufräumen für den, der fragt: Wächter, wie spät ists in der Nacht? Wo der Wächter rief: Es kommt der Morgen und auch die Nacht.
    Das war in Mitten der Nacht.
Laß nahen den Tag, der nicht Tag ist und nicht Nacht! Erhabener, mache es kund, daß dir der Tag gehört und auch die Nacht. Bestelle du Wächter deiner Stadt den ganzen Tag und die ganze Nacht. Erleuchte taghell das Dunkel der Nacht.
    Das war in Mitten der Nacht.

S. 124   *Folgendes sagt man am zweiten Sederabend:*

Nun stimmt an: Sprecht vom Fest des Pessach.
Die Kraft deiner Machtäußerungen hast du bewiesen am Pes-
sach. An die Spitze aller Feste erhobst du Pessach. Du offenbar-
test dich dem Esrachi (Abraham) in der Mitte der Nacht des
Pessach.
Sprecht vom Fest des Pessach.
An seine Türen klopftest du in der Hitze des Tags am Pessach. Er
bewirtete die Engel mit ungesäuertem Brot am Pessach und lief
zum Rind, eine Erinnerung an den Ochsen, der vorgeschrieben
ist für Pessach.
Sprecht vom Fest des Pessach.
Vom Zorn getroffen ging Sodom in Flammen auf am Pessach.
Lot aber wurde gerettet, der Mazzot buk am Ende des Pessach.
Du fegtest aus das Land vom Mof und Nof, als du es durchzogst
am Pessach.
Sprecht vom Fest des Pessach.
Gott, alle Erstgeburt riebst du auf in Nacht der Wacht am Pes-
sach.
Doch, Gewaltiger, deinen erstgeborenen Sohn übergingst du
wegen des Bluts des Pessach. Um dem Verderben nicht Macht zu
verleihen, in unsere Häuser zu kommen am Pessach.
Sprecht vom Fest des Pessach.
Die eingeschlossene Stadt wurde belagert in der Zeit des Pessach.
Midjan wurde besiegt durch Gerstenkuchen vom Omer des
Pessach. Verbrannt wurden die Mächtigen von Pul und Lud, da
ein Feuer sie erfaßte am Pessach.
Sprecht vom Fest des Pessach.
Noch heute drohte er, in Now zu sein, noch bevor naht die
Nacht des Pessach. Die Hand schrieb, um Babel einzuätzen am
Pessach. Da die Polster bereit, der Tisch gedeckt war am Pes-
sach.
Sprecht vom Fest des Pessach.
Die Gemeinde versammelte Hadassa zu einem dreitägigen Fa-
sten am Pessach. Den Hauptfeind ließest du sterben am Galgen
von fünfzig Ellen am Pessach. Das doppelte Unglück bringst du
plötzlich über Edom am Pessach.
Mächtig sei deine Hand, erhoben deine Rechte wie damals in der
Nacht der Festweihe des Pessach.
Sprecht vom Fest des Pessach.

Ihm geziemt es, ihm gebührt es. S. 124
Gewaltiger in der Herrschaft, Erwählter nach der Ordnung, seine Engel sagen ihm:
Dir und Dir, Dir nur Dir, Dir allein wird die Herrschaft sein.
Ihm geziemt es, ihm gebührt es.
Panier in der Herrschaft, Verherrlichter nach der Ordnung, seine Frommen sagen ihm:
   Dir und Dir, . . .
Lauterer in der Herrschaft, Mächtiger nach der Ordnung, seine Engel sagen ihm:
   Dir und Dir, . . .
Einziger in der Herrschaft, Großer nach der Ordnung, seine Frommen sagen ihm:
   Dir und Dir, . . .
Hoher in der Herrschaft, Ehrfurchtgebietender nach der Ordnung, seine Engel sagen ihm:
   Dir und Dir, . . .
Sanfter in der Herrschaft, Erlöser nach der Ordnung, seine Frommen sagen ihm:
   Dir und Dir, . . .
Heiliger in der Herrschaft, Erbarmender nach der Ordnung, seine Engel sagen ihm:
   Dir und Dir, . . .
Mächtiger in der Herrschaft, Erhalter nach der Ordnung, seine Frommen sagen ihm:
   Dir und Dir, . . .
D a s   k o m m e n d e   J a h r   i n   J e r u s a l e m . S. 124f.
Gesegnet sei, Du unser Gott, König der Welt, der die Frucht der Rebe erschaffen.

Man lehnt sich auf die linke Seite, trinkt und sagt dann den folgenden S. 125f.
Segensspruch:

Gesegnet sei, Du unser Gott, König der Welt, für die Rebe und die Frucht der Rebe und für den Ertrag des Felds und für das köstliche Land, gut und weit, das zuzueignen dir gefiel unsern Vätern, von seiner Frucht zu essen und von seinem Gut satt zu werden. Erbarme dich, Du unser Gott, Israels deines Volks und Jerusalems deiner Stadt und Zions der Wohnung deiner Ehre und deiner Schlachtstatt und deiner Halle. Und erbaue Jerusalem, die Stadt des Heiligtums, in Bälde, in unseren Tagen, und laß uns aufsteigen in sie und erfreue uns an ihr, daß wir von ihrer Frucht essen und von ihrem Gut satt werden und dich dafür in Heiligkeit und Reinheit segnen (und möge es dir gefallen, uns auszurüsten an diesem Schabbat), und erfreue uns an diesem Tag des Mazzothfestes. Denn, Du, du bist gut und tust gut dem All. Wir danken dir für das Land und für die Frucht der Rebe. Gesegnet sei, Du, für das Land und für die Frucht der Rebe.

Zu Ende ist des Pessachabends Ordnung,
So durchgeführt nach Vorschrift, Recht und Satzung
Wie es vergönnt uns war, sie abzuwickeln,
Vergönne uns erneut, sie zu begehn.
Du Lauterer, der du im Himmel wohnest,
Richt auf die unerschöpfliche Gemeinde,
Bring nah und führ die Zweige deiner Pflanzung
Befreit in Freuden bald nach Zion hin.

Allmächtiger,
   bau Deinen Tempel wieder,
   bald und bald, in unsern Tagen wieder.
   Gott bau, oh bau Deinen Tempel wieder.
Erwählter, Großer, Erhabener,
   bau Deinen Tempel wieder, . . .
Prächtiger, Allüberragender, Vollkommener,
   bau Deinen Tempel wieder, . . .
Liebevoller, Reiner, Einziger,
   bau Deinen Tempel wieder, . . .
Glanzvoller, Sanftmütiger, Kraftvoller,
   bau Deinen Tempel wieder, . . .
Befreier, Gerechter, Heiliger,
   bau Deinen Tempel wieder, . . .
Erbarmender, Gewaltiger, Starker,
   bau Deinen Tempel wieder, . . .

Am zweiten Pessachabend fängt das Omerzählen an

Gesegnet sei, Du unser Gott, König der Welt, der uns durch seine Gebote geheiligt und uns befohlen hat, Omer zu zählen.

Heute ist der erste Tag im Omer.

Möge es dein Wille sein, Du unser Gott und Gott unsrer Väter, den Tempel bald, in unseren Tagen zu erbauen, und gib uns unsren Anteil an deiner Lehre.

Eins – wer weiß es?　　　　　　　　　　　　　　　　　　　S. 126
Eins – ich weiß es: eins ist unser Gott im Himmel und auf Erden.
Zwei – wer weiß es?
Zwei – ich weiß es: Zwei Bundestafeln sind es.
　Eins – ist unser Gott . . .
Drei – wer weiß es?
Drei – ich weiß es: drei Stammväter sind es.
　Zwei Bundestafeln sind es . . .
Vier – wer weiß es?
Vier – ich weiß es: vier Stammütter sind es.
　Drei Stammväter sind es . . .
Fünf – wer weiß es?
Fünf – ich weiß es: fünf Bücher der Tora sind es.
　Vier Stammütter sind es . . .
Sechs – wer weiß es?
Sechs – ich weiß es: sechs Ordnungen der Mischna sind es.
　Fünf Bücher der Tora sind . . .
Sieben – wer weiß es?
Sieben – ich weiß es: sieben Wochentage sind es.
　Sechs Ordnungen der Mischna sind es . . .
Acht – wer weiß es?
Acht – ich weiß es: acht Tage zur Beschneidung sind es.
　Sieben Wochentage sind es . . .
Neun – wer weiß es?
Neun – ich weiß es: neun Monate zur Geburt sind es.
　Acht Tage zur Beschneidung sind es . . .
Zehn – wer weiß es?
Zehn – ich weiß es: zehn Worte des Sinai sind es.
　Neun Monate zur Geburt sind es . . .
Elf – wer weiß es?
Elf – ich weiß es: elf Sterne in Josefs Traum sind es.
　Zehn Worte des Sinai sind es . . .
Zwölf – wer weiß es?
Zwölf – ich weiß es: zwölf Stämme sind es.
　Elf Sterne in Josefs Traum sind es . . .
Dreizehn – wer weiß es?
Dreizehn – ich weiß es: dreizehn Eigenschaften der göttlichen
Gnade sind es.
　Zwölf Stämme
　Elf Sterne in Josefs Traum
　Zehn Worte des Sinai

Neun Monate zur Geburt
Acht Tage zur Beschneidung
Sieben Tage der Woche
Sechs Ordnungen der Mischna
Fünf Bücher der Tora
Vier Stammmütter
Drei Stammväter
Zwei Bundestafeln
Eins ist unser Gott
im Himmel und auf Erden.

S. 126 ff.

Ein Lämmchen, ein Lämmchen.
Es kaufte sich mein Vater,
Zwei Suse galt der Kauf.
Ein Lämmchen, ein Lämmchen.
Da kam voll Tück und Hader
die Katz und fraß es auf.
Das Lämmchen, das Lämmchen.
Ein Hund, den es verdrossen,
daß floß unschuldig Blut,
kam pfeilschnell hergeschossen,
zerriß die Katz in Wut.
Ein Stock stand nah beim Hunde,
der lang schon ihm gedroht,
er schlug zur selben Stunde
den Hund, er schlug ihn tot.
Am heißen Feuerherde
der Stock den Rächer fand;
Die Flamme ihn verzehrte
und schnell war er verbrannt.
Da sprudelt eine Quelle,
das Wasser strömt heraus,
es floß zur Brandesstelle
und löscht das Feuer aus.
Ein durstger Ochse eilte
zur Wasserquelle schnell,
er trank daraus und weilte,
bis trocken war der Quell.
Da ward der Ochs ergriffen
vom Schlächter mit Gewalt,
das Messer ward geschliffen,

geschlachtet ward er bald.
Dem Schlächter nahte leise
der Todesengel sich,
er tat nach seiner Weise,
der Schlächter drauf verblich.

Gott richtet Welt und Wesen,
die Guten wie die Bösen.
Dem Würger gab er Tod zum Lohn,
weil er gewürgt des Menschen Sohn,
der hingeführt zur Schlächterbank
den Ochsen, der das Wasser trank,
das ausgelöscht den Feuerbrand,
in dem der Stock den Rächer fand,
der Stock, der ohne Recht und Fug,
den Hund tot auf der Stelle schlug,
der in der Wut die Katz zerriß,
die das unschuld'ge Lämmchen biß,
das Lämmchen meinem Vater war,
er kaufte es für zwei Suse bar,
ein Lämmchen, ein Lämmchen.

Namenregister

Rabbinisches Schrifttum

Bibelstellen

Gen	2,1–3	46		13,9	62
	9,4	114		14,31	17
	14,18	83		15,11	82
	15,13–14	70		23,19	91
	37,9	126		34,6–7	63. 126
	47,4	73		34,26	91
	48,15	129	Lev	2,13	37
Ex	1,7	74		3,17	114
	1,11–13	74		17,10–11	114
	1,14	93		23,14	92
	1,22	76	Deut	4,34	78
	2,25	75		6,4–5	63. 117
	4,17	79		6,20	61
	4,23	81		6,21	54
	4,24–26	116		6,23	94
	6,6	34–35		7,7–8	47
	6,6–8	38		12,16	114
	9,3	77		12,23	114
	12	43. 68. 76		14,21	91
	12,4	36		16,1	36
	12,8	34. 89. 93. 102		16,3	58
	12,10	36		26,5	72
	12,11	18		26,5–10	37
	12,12	82		26,7	74
	12,26	61	Jos	24,2–4	68
	12,27	89. 124	1Kön	3,9	66
	12,39	92–93	1Chr	21,16	78
	12,46c	130	Esth	4,14	60
	13,5	68	Ps	8,3	22
	13,7	42		23	129
	13,8	15. 62. 94		60,5	113
				69	118

Satz und Druck, Gulde-Druck GmbH, Tübingen
Einband: Heinrich Koch, Großbuchbinderei, Tübingen

Von Schalom Ben-Chorin sind in gleicher Ausstattung bereits folgende Bände erschienen:

Jüdischer Glaube
2. Auflage 1979. 332 Seiten. Pappband

Die Tafeln des Bundes
1979. 191 Seiten. Pappband

Betendes Judentum
1980. 225 Seiten. Pappband

Jüdische Ethik
1983. 114 Seiten. Pappband

An gesammelten Aufsätzen desselben Verfassers liegen vor:

Theologia Judaica
1982. X, 212 Seiten. Leinen

J. C. B. Mohr (Paul Siebeck)